CHEFS-D'OEUVRE

DE

P. CORNEILLE.

—

TOME QUATRIÈME.

AVIS SUR LA STÉRÉOTYPIE.

La Stéréotypie, ou l'art d'imprimer sur des planches solides que l'on conserve, offre seule le moyen de parvenir à la correction parfaite des textes. Dès qu'une faute qui seroit échappée est découverte, elle est corrigée à l'instant et irrévocablement; en la corrigeant, on n'est point exposé à en faire de nouvelles, comme il arrive dans les éditions en caractères mobiles. Ainsi, le public est sûr d'avoir des livres exempts de fautes, et de jouir du grand avantage de remplacer, dans un ouvrage composé de plusieurs volumes, le tome manquant, gâté ou déchiré.

Chez H. NICOLLE, rue de Seine, n° 12,
hôtel de la Rochefoucauld
Et chez A. BELIN, Imprimeur-Libraire,
rue des Mathurins-S. Jacques, hôtel Cluny.

CHEFS-D'OEUVRE

DE

P. CORNEILLE.

TOME QUATRIÈME.

STÉRÉOTYPE D'HERHAN.

PARIS,

DE L'IMPRIMERIE DE A. BELIN.

1812.

NICOMÈDE,
TRAGÉDIE.
1652.

PRÉFACE

DE

VOLTAIRE.

NICOMÈDE est dans le goût de Don Sanche d'Aragon. Les Espagnols, comme on l'a déjà dit, sont les inventeurs de ce genre, qui est une espèce de comédie héroïque. Ce n'est ni la terreur, ni la pitié de la vraie tragédie; ce sont des aventures extraordinaires, des bravades, des sentiments généreux, et une intrigue dont le dénouement heureux ne coûte ni de sang aux personnages, ni de larmes aux spectateurs. L'art dramatique est une imitation de la nature, comme l'art de peindre. Il y a des sujets de peinture sublimes, il y en a de simples; la vie commune, la vie champêtre, les paysages, les grotesques même, entrent dans cet art. Raphaël a peint les horreurs de la mort, et les noces de Psyché. C'est ainsi que dans l'art dramatique on a la pastorale, la farce, la comédie, la tragédie plus ou moins héroïque, plus ou moins terrible, plus ou moins attendrissante.

Lorsqu'on rejoua, en 1756, Nicomède, oublié pendant plus de quatre-vingts ans, les comédiens du roi ne l'annoncèrent que sous le titre de tragi-comédie. Cette pièce est peut-être une des plus fortes preuves du génie de Corneille ; et je ne suis pas étonné de l'affection qu'il avait pour elle. Ce genre est non seulement le moins théâtral de tous, mais le plus difficile à traiter. Il n'a point cette magie qui transporte l'ame, comme le dit si bien Horace :

> Ille per exténtum funem mihi posse videtur
> Ire poeta meum qui pectus inaniter angit,
> Irritat et mulcet, falsis terroribus implet;
> Ut magus, et modò me Thebis, modò ponit Athenis.

Ce genre de tragédie ne se soutenant point par un sujet pathétique, par de grands tableaux, par les fureurs des passions, l'auteur ne peut qu'exciter un sentiment d'admiration pour le héros de la pièce. L'admiration n'émeut guère l'ame, ne la trouble point : c'est de tous les sentiments celui qui se refroidit le plus tôt. Le caractère de Nicomède avec une intrigue terrible, telle que celle de Rodogune, eût été un chef-d'œuvre.

PRÉFACE

DE

CORNEILLE.

Voici une pièce d'une constitution assez extraordinaire : aussi est-ce la vingt-unième que j'ai fait voir sur le théâtre ; et, après y avoir fait réciter quarante mille vers, il est bien malaisé de trouver quelque chose de nouveau, sans s'écarter un peu du grand chemin, et se mettre au hasard de s'égarer. La tendresse et les passions, qui doivent être l'ame des tragédies, n'ont aucune part en celle-ci ; la grandeur de courage y règne seule, et regarde son malheur d'un œil si dédaigneux qu'il n'en sauroit arracher une plainte. Elle y est combattue par la politique, et n'oppose à ses artifices qu'une prudence généreuse, qui marche à visage découvert, qui prévoit le péril sans s'émouvoir, et qui ne veut point d'autre appui que celui de sa vertu, et de l'amour qu'elle imprime dans les cœurs de tous les peuples. L'histoire qui m'a prêté de quoi la faire paroître en ce haut degré est de Justin ; et voici comme il la raconte à la fin de son trente-quatrième livre :

« En même temps Prusias, roi de Bithynie, prit dessein de faire assassiner son fils Nicomède, pour avancer ses autres fils qu'il avoit eus d'une autre femme, et qu'il faisoit élever à Rome. Mais ce dessein fut découvert à ce jeune prince par ceux mêmes qui l'avoient entrepris : ils firent plus, ils l'exhortèrent à rendre la pareille à un père si cruel, et à faire retomber sur sa tête les embûches qu'il lui avoit préparées, et n'eurent pas grande peine à le persuader. Sitôt donc qu'il fut entré dans le royaume de son père, qui l'avoit appelé auprès de lui, il fut proclamé roi ; et Prusias, chassé du trône, et délaissé même de ses domestiques, quelque soin qu'il prît à se cacher, fut enfin tué par ce fils, et perdit la vie par un crime aussi grand que celui qu'il avoit commis en donnant les ordres de l'assassiner. »

J'ai ôté de ma scène l'horreur d'une catastrophe si barbare, et n'ai donné ni au père ni au fils aucun dessein de parricide. J'ai fait ce dernier amoureux de Laodice, afin que l'union d'une couronne voisine donnât plus d'ombrage aux Romains, et leur fît prendre plus de soin d'y mettre plus d'obstacle de leur part. J'ai approché de cette histoire celle de la mort d'Annibal, qui arriva un peu auparavant chez ce même roi, et dont le nom n'est pas un petit ornement à mon ouvrage ; j'en ai fait Nicomède disciple, pour lui prêter plus de valeur et plus de fierté contre les Romains; et, prenant l'occasion de l'ambassade où Flaminius fut envoyé par eux vers ce roi leur allié pour demander qu'on remît entre leurs mains ce vieil ennemi de leur grandeur, je l'ai chargé d'une commission secrète de traverser ce mariage, qui leur devoit donner de la jalousie. J'ai fait que, pour gagner l'esprit de la reine, qui, suivant l'ordinaire des secondes femmes, avoit tout pouvoir sur celui de son vieux mari, il lui ramène un de ses fils, que mon auteur m'apprend avoir été nourri à Rome. Cela fait deux effets; car, d'un côté, il obtient la perte d'Annibal par le moyen de cette mère ambitieuse, et, de l'autre, il oppose à Nicomède un rival appuyé de toute la faveur des Romains, jaloux de sa gloire et de sa grandeur naissante.

Les assassins qui découvrirent à ce prince les sanglants desseins de son père m'ont donné jour à d'autres artifices pour le faire tomber dans les embûches que sa belle-mère lui avoit préparées; et, pour la fin, je l'ai réduite en sorte que tous mes personnages y agissent avec générosité, et que les uns rendant ce qu'ils doivent à la vertu, et les autres demeurant dans la fermeté de leur devoir, laissent un exemple assez illustre et une conclusion assez agréable.

La représentation n'en a pas déplu; et, comme ce ne sont pas les moindres vers qui soient partis de ma main, j'ai sujet d'espérer que la lecture n'ôtera rien à cet ouvrage de la réputation qu'il s'est acquise jusqu'ici, et ne le fera point juger indigne de suivre ceux qui l'ont précédé. Mon principal but a été de peindre la politique des Romains au-dehors, et comme ils agissoient impérieusement avec les rois leurs alliés; leurs maximes pour les empêcher de s'accroître, et les soins qu'ils prenoient de traverser leur grandeur quand elle commençoit à leur devenir suspecte à force de s'augmenter et de se rendre considérable par de nouvelles conquêtes. C'est le caractère que j'ai donné à leur république en la personne de son ambassadeur Flaminius, qui rencontre un prince intrépide qui voit sa perte assurée sans s'ébranler, et brave l'orgueilleuse masse de leur puissance lors même qu'il en est accablé. Ce héros de ma façon sort un peu des règles de la tragédie en ce qu'il ne cherche point à faire pitié par l'excès de ses malheurs; mais le succès a montré que la fermeté des grands cœurs, qui n'excite que de l'admiration dans l'ame du spectateur, est quelquefois aussi agréable que la compassion que notre art nous commande de mendier pour leurs misères. Il est bon de hasarder un peu, et ne s'attacher pas toujours si servilement à ses préceptes, ne fût-ce que pour pratiquer celui-ci de notre Horace :

Et mihi res, non me rebus, submittere conor.

Mais il faut que l'évènement justifie cette hardiesse ; et dans une liberté de cette nature on demeure coupable, à moins que d'être fort heureux.

PERSONNAGES.

PRUSIAS, roi de Bithynie.
FLAMINIUS, ambassadeur de Rome.
ARSINOÉ, seconde femme de Prusias.
LAODICE, reine d'Arménie.
NICOMÈDE, fils aîné de Prusias, sorti du premier lit.
ATTALE, fils de Prusias et d'Arsinoé.
ARASPE, capitaine des gardes de Prusias.
CLÉONE, confidente d'Arsinoé.

La scène est à Nicomédie.

NICOMÈDE,
TRAGÉDIE.

ACTE PREMIER.

SCÈNE I.

NICOMÈDE, LAODICE.

LAODICE.

Après tant de hauts faits, il m'est bien doux, seigneur, [1]
De voir encor mes yeux régner sur votre cœur;
De voir, sous les lauriers qui vous couvrent la tête, [2]
Un si grand conquérant être encor ma conquête, [3]
Et de toute la gloire acquise à ses travaux [4]
Faire un illustre hommage à ce peu que je vaux.
Quelques biens toutefois que le ciel me renvoie,
Mon cœur épouvanté se refuse à la joie :
Je vous vois à regret, tant mon cœur amoureux [5]
Trouve la cour pour vous un séjour dangereux.
Votre marâtre y règne ; et le roi votre père
Ne voit que par ses yeux, seule la considère,
Pour souveraine loi n'a que sa volonté :
Jugez après cela de votre sûreté.

La haine que pour vous elle a si naturelle [6]
A mon occasion encor se renouvelle. [7]
Votre frère son fils, depuis peu de retour....

NICOMÈDE.

Je le sais, ma princesse, et qu'il vous fait la cour. [8]
Je sais que les Romains, qui l'avoient en otage, [9]
L'ont enfin renvoyé pour un plus digne ouvrage ;
Que ce don à sa mère étoit le prix fatal
Dont leur Flaminius marchandoit Annibal ;
Que le roi par son ordre eût livré ce grand homme, [10]
S'il n'eût par le poison lui-même évité Rome,
Et rompu par sa mort les spectacles pompeux [11]
Où l'effroi de son nom le destinoit chez eux.
Par mon dernier combat je voyois réunie
La Cappadoce entière avec la Bithynie,
Lorsqu'à cette nouvelle, enflammé de courroux
D'avoir perdu mon maître, et de craindre pour vous,
J'ai laissé mon armée aux mains de Théagène,
Pour voler en ces lieux au secours de ma reine.
Vous en aviez besoin, madame, et je le voi,
Puisque Flaminius obsède encor le roi.
Si de son arrivée Annibal fut la cause,
Lui mort, ce long séjour prétend quelque autre chose ;
Et je ne vois que vous qui le puisse arrêter, [12]
Pour aider à mon frère à vous persécuter.

LAODICE.

Je ne veux point douter que sa vertu romaine
N'embrasse avec chaleur l'intérêt de la reine :
Annibal, qu'elle vient de lui sacrifier, [13]
L'engage en sa querelle, et m'en fait défier.
Mais, seigneur, jusqu'ici j'aurois tort de m'en plaindre :
Et, quoi qu'il entreprenne, avez-vous lieu de craindre ?

Ma gloire et mon amour peuvent bien peu sur moi, 14
S'il faut votre présence à soutenir ma foi,
Et si je puis tomber en cette frénésie
De préférer Attale au vainqueur de l'Asie ;
Attale, qu'en otage ont nourri les Romains, 15
Ou plutôt qu'en esclave ont façonné leurs mains,
Sans lui rien mettre au cœur qu'une crainte servile
Qui tremble à voir une aigle, et respecte un édile !

NICOMÈDE.

Plutôt, plutôt la mort, que mon esprit jaloux
Forme des sentiments si peu dignes de vous.
Je crains la violence, et non votre foiblesse ;
Et si Rome une fois contre nous s'intéresse.... 16

LAODICE.

Je suis reine, seigneur ; et Rome a beau tonner,
Elle ni votre roi n'ont rien à m'ordonner :
Si de mes jeunes ans il est dépositaire,
C'est pour exécuter les ordres de mon père :
Il m'a donnée à vous, et nul autre que moi
N'a droit de l'en dédire, et me choisir un roi.
Par son ordre et le mien, la reine d'Arménie 17
Est due à l'héritier du roi de Bithynie,
Et ne prendra jamais un cœur assez abject
Pour se laisser réduire à l'hymen d'un sujet.
Mettez-vous en repos.

NICOMÈDE.

   Et le puis-je, madame,
Vous voyant exposée aux fureurs d'une femme
Qui, pouvant tout ici, se croira tout permis
Pour se mettre en état de voir régner son fils ?
Il n'est rien de si saint qu'elle ne fasse enfreindre.
Qui livroit Annibal pourra bien vous contraindre,

Et saura vous garder même fidélité [18]
Qu'elle a gardée aux droits de l'hospitalité.

LAODICE.

Mais ceux de la nature ont-ils un privilège
Qui vous assure d'elle après ce sacrilège ?
Seigneur, votre retour, loin de rompre ses coups, [19]
Vous expose vous-même, et m'expose après vous.
Comme il est fait sans ordre, il passera pour crime ; [20]
Et vous serez bientôt la première victime
Que la mère et le fils, ne pouvant m'ébranler,
Pour m'ôter mon appui se voudront immoler.
Si j'ai besoin de vous de peur qu'on me contraigne, [21]
J'ai besoin que le roi, qu'elle-même vous craigne.
Retournez à l'armée, et pour me protéger
Montrez cent mille bras tout prêts à me venger.
Parlez la force en main, et hors de leur atteinte :
S'ils vous tiennent ici, tout est pour eux sans crainte ; [22]
Et ne vous flattez point ni sur votre grand cœur, [23]
Ni sur l'éclat d'un nom cent et cent fois vainqueur ;
Quelque haute valeur que puisse être la vôtre, [24]
Vous n'avez en ces lieux que deux bras comme un autre ; [25]
Et, fussiez-vous du monde et l'amour et l'effroi,
Quiconque entre au palais porte sa tête au roi.
Je vous le dis encor, retournez à l'armée ;
Ne montrez à la cour que votre renommée ;
Assurez votre sort pour assurer le mien ;
Faites que l'on vous craigne, et je ne craindrai rien.

NICOMÈDE.

Retourner à l'armée ! ah ! sachez que la reine
La sème d'assassins achetés par sa haine.
Deux s'y sont découverts, que j'amène avec moi [26]
Afin de la convaincre et détromper le roi.

Quoiqu'il soit son époux, il est encor mon père ;
Et quand il forcera la nature à se taire,
Trois sceptres à son trône attachés par mon bras [27]
Parleront au lieu d'elle, et ne se tairont pas.
Que si notre fortune à ma perte animée
La prépare à la cour aussi-bien qu'à l'armée,
Dans ce péril égal qui me suit en tous lieux,
M'envirez-vous l'honneur de mourir à vos yeux ?

LAODICE.

Non, je ne vous dis plus désormais que je tremble,
Mais que, s'il faut périr, nous périrons ensemble.
Armons-nous de courage, et nous ferons trembler
Ceux dont les lâchetés pensent nous accabler.
Le peuple ici vous aime, et hait ces cœurs infâmes ;
Et c'est être bien fort que régner sur tant d'ames.
Mais votre frère Attale adresse ici ses pas.

NICOMÈDE.

Il ne m'a jamais vu ; ne me découvrez pas. [28]

SCÈNE II.

LAODICE, NICOMÈDE, ATTALE.

ATTALE.

Quoi ! madame, toujours un front inexorable !
Ne pourrai-je surprendre un regard favorable,
Un regard désarmé de toutes ces rigueurs,
Et tel qu'il est enfin quand il gagne les cœurs ?

LAODICE.

Si ce front est mal propre à m'acquérir le vôtre, [1]
Quand j'en aurai dessein j'en saurai prendre un autre.

ATTALE.

Vous ne l'acquerrez point, puisqu'il est tout à vous. 2

LAODICE.

Je n'ai donc pas besoin d'un visage plus doux. 3

ATTALE.

Conservez-le, de grace, après l'avoir su prendre.

LAODICE.

C'est un bien mal acquis que j'aime mieux vous rendre. 4

ATTALE.

Vous l'estimez trop peu pour le vouloir garder.

LAODICE.

Je vous estime trop pour vouloir rien farder :
Votre rang et le mien ne sauroient le permettre.
Pour garder votre cœur je n'ai pas où le mettre ; 5
La place est occupée : et je vous l'ai tant dit, 6
Prince, que ce discours vous dut être interdit :
On le souffre d'abord, mais la suite importune.

ATTALE.

Que celui qui l'occupe a de bonne fortune ! 7
Et que seroit heureux qui pourroit aujourd'hui 8
Disputer cette place, et l'emporter sur lui !

NICOMÈDE.

La place à l'emporter coûteroit bien des têtes,
Seigneur : ce conquérant garde bien ses conquêtes,
Et l'on ignore encor parmi ses ennemis 9
L'art de reprendre un fort qu'une fois il a pris.

ATTALE.

Celui-ci toutefois peut s'attaquer de sorte
Que, tout vaillant qu'il est, il faudra qu'il en sorte.

LAODICE.

Vous pourriez vous méprendre.

ATTALE.

Et si le roi le veut ? 10

LAODICE.

Le roi, juste et prudent, ne veut que ce qu'il peut.

ATTALE.

Et que ne peut ici la grandeur souveraine ?

LAODICE.

Ne parlez pas si haut : s'il est roi, je suis reine ; 11
Et vers moi tout l'effort de son autorité
N'agit que par prière et par civilité.

ATTALE.

Non ; mais agir ainsi, souvent c'est beaucoup dire
Aux reines comme vous qu'on voit dans son empire :
Et si ce n'est assez des prières d'un roi,
Rome, qui m'a nourri, vous parlera pour moi.

NICOMÈDE.

Rome, seigneur !

ATTALE.

Oui, Rome. En êtes-vous en doute ?

NICOMÈDE.

Seigneur, je crains pour vous qu'un Romain vous écoute ; 12
Et si Rome savoit de quels feux vous brûlez,
Bien loin de vous prêter l'appui dont vous parlez,
Elle s'indigneroit de voir sa créature
A l'éclat de son nom faire une telle injure ;
Et vous dégraderoit peut-être dès demain
Du titre glorieux de citoyen romain.
Vous l'a-t-elle donné pour mériter sa haine
En le déshonorant par l'amour d'une reine ?

2.

Et ne savez-vous plus qu'il n'est princes ni rois ¹³
Qu'elle daigne égaler à ses moindres bourgeois ?
Pour avoir tant vécu chez ces cœurs magnanimes,
Vous en avez bientôt oublié les maximes.
Reprenez un orgueil digne d'elle et de vous ;
Remplissez mieux un nom sous qui nous tremblons tous ;
Et, sans plus l'abaisser à cette ignominie
D'idolâtrer en vain la reine d'Arménie,
Songez qu'il faut du moins, pour toucher votre cœur,
La fille d'un tribun, ou celle d'un préteur ;
Que Rome vous permet cette haute alliance,
Dont vous auroit exclus le défaut de naissance,
Si l'honneur souverain de son adoption
Ne vous autorisoit à tant d'ambition.
Forcez, rompez, brisez de si honteuses chaînes ;
Aux rois qu'elle méprise abandonnez les reines ;
Et concevez enfin des vœux plus élevés,
Pour mériter les biens qui vous sont réservés.

ATTALE.

Si cet homme est à vous, imposez-lui silence,
Madame ; et retenez une telle insolence.
Pour voir jusqu'à quel point elle pourroit aller,
J'ai forcé ma colère à le laisser parler :
Mais je crains qu'elle échappe, et que, s'il continue, ¹⁴
Je ne m'obstine plus à tant de retenue.

NICOMÈDE.

Seigneur, si j'ai raison, qu'importe à qui je sois ?
Perd-elle de son prix pour emprunter ma voix ?
Vous-même, amour à part, je vous en fais arbitre.
Ce grand nom de Romain est un précieux titre ;
Et la reine et le roi l'ont assez acheté
Pour ne se plaire pas à le voir rejeté,

Puisqu'ils se sont privés, pour ce nom d'importance, [15]
Des charmantes douceurs d'élever votre enfance.
Dès l'âge de quatre ans ils vous ont éloigné ; [16]
Jugez si c'est pour voir ce titre dédaigné,
Pour vous voir renoncer, par l'hymen d'une reine,
A la part qu'ils avoient à la grandeur romaine.
D'un si rare trésor l'un et l'autre jaloux....

ATTALE.

Madame, encore un coup, cet homme est-il à vous ? [17]
Et pour vous divertir est-il si nécessaire, [18]
Que vous ne lui puissiez ordonner de se taire ?

LAODICE.

Puisqu'il vous a déplu vous traitant de Romain,
Je veux bien vous traiter de fils de souverain.
   En cette qualité vous devez reconnoître
Qu'un prince votre aîné doit être votre maître,
Craindre de lui déplaire, et savoir que le sang
Ne vous empêche pas de différer de rang,
Lui garder le respect qu'exige sa naissance,
Et, loin de lui voler son bien en son absence.... [19]

ATTALE.

Si l'honneur d'être à vous est maintenant son bien,
Dites un mot, madame, et ce sera le mien ;
Et si l'âge à mon rang fait quelque préjudice,
Vous en corrigerez la fatale injustice.
Mais si je lui dois tant en fils de souverain,
Permettez qu'une fois je vous parle en Romain.
Sachez qu'il n'en est point que le ciel n'ait fait naître [20]
Pour commander aux rois, et pour vivre sans maître ;
Sachez que mon amour est un noble projet
Pour éviter l'affront de me voir son sujet ;
Sachez....

LAODICE.

Je m'en doutois, seigneur, que ma couronne
Vous charmoit bien du moins autant que ma personne ;
Mais, telle que je suis, et ma couronne et moi,
Tout est à cet aîné qui sera votre roi ;
Et s'il étoit ici, peut-être en sa présence
Vous penseriez deux fois à lui faire une offense.

ATTALE.

Que ne puis-je l'y voir ! mon courage amoureux....

NICOMÈDE.

Faites quelques souhaits qui soient moins dangereux,
Seigneur ; s'il les savoit, il pourroit bien lui-même
Venir d'un tel amour venger l'objet qu'il aime.

ATTALE.

Insolent ! est-ce enfin le respect qui m'est dû ?

NICOMÈDE.

Je ne sais de nous deux, seigneur, qui l'a perdu.

ATTALE.

Peux-tu bien me connoître et tenir ce langage ?

NICOMÈDE.

Je sais à qui je parle ; et c'est mon avantage
Que, n'étant point connu, prince, vous ne savez
Si je vous dois respect, ou si vous m'en devez.

ATTALE.

Ah ! madame, souffrez que ma juste colère....

LAODICE.

Consultez-en, seigneur, la reine votre mère ;
Elle entre.

SCÈNE III.[1]

NICOMÈDE, ARSINOÉ, LAODICE, ATTALE,
CLÉONE.

NICOMÈDE.

Instruisez mieux le prince votre fils,
Madame, et dites-lui, de grace, qui je suis.
Faute de me connoître, il s'emporte, il s'égare;
Et ce désordre est mal dans une ame si rare:
J'en ai pitié.

ARSINOÉ.

Seigneur, vous êtes donc ici ? [2]

NICOMÈDE.

Oui, madame, j'y suis, et Métrobate aussi. [3]

ARSINOÉ.

Métrobate ! ah le traître !

NICOMÈDE.

Il n'a rien dit, madame,
Qui vous doive jeter aucun trouble dans l'ame.

ARSINOÉ.

Mais qui cause, seigneur, ce retour surprenant?
Et votre armée ?

NICOMÈDE.

Elle est sous un bon lieutenant;
Et quant à mon retour, peu de chose le presse.
J'avois ici laissé mon maître et ma maîtresse : [4]
Vous m'avez ôté l'un, vous, dis-je, ou les Romains;
Et je viens sauver l'autre et d'eux et de vos mains.

ARSINOÉ.

C'est ce qui vous amène?

NICOMÈDE.

Oui, madame; et j'espère
Que vous m'y servirez auprès du roi mon père.

ARSINOÉ.

Je vous y servirai comme vous l'espérez.

NICOMÈDE.

De votre bon vouloir nous sommes assurés.

ARSINOÉ.

Il ne tiendra qu'au roi qu'aux effets je ne passe. 5

NICOMÈDE.

Vous voulez à tous deux nous faire cette grace?

ARSINOÉ.

Tenez-vous assuré que je n'oublîrai rien.

NICOMÈDE.

Je connois votre cœur, ne doutez pas du mien.

ATTALE.

Madame, c'est donc là le prince Nicomède?

NICOMÈDE.

Oui, c'est moi qui viens voir s'il faut que je vous cède.

ATTALE.

Ah! seigneur, excusez si, vous connoissant mal... 6

NICOMÈDE.

Prince, faites-moi voir un plus digne rival. 7
Si vous aviez dessein d'attaquer cette place,
Ne vous départez point d'une si noble audace:
Mais, comme à son secours je n'amène que moi,
Ne la menacez plus de Rome ni du roi.

Je la défendrai seul ; attaquez-la de même,
Avec tous les respects qu'on doit au diadème.
Je veux bien mettre à part, avec le nom d'aîné,
Le rang de votre maître où je suis destiné ;
Et nous verrons ainsi qui fait mieux un brave homme, 8
Des leçons d'Annibal, ou de celles de Rome.
Adieu : pensez-y bien, je vous laisse y rêver.

SCÈNE IV.

ARSINOÉ, ATTALE, CLÉONE.

ARSINOÉ.

Quoi ! tu faisois excuse à qui m'osoit braver !

ATTALE.

Que ne peut point, madame, une telle surprise ?
Ce prompt retour me perd, et rompt votre entreprise. 1

ARSINOÉ.

Tu l'entends mal, Attale ; il la met dans ma main.
Va trouver de ma part l'ambassadeur romain ;
Dedans mon cabinet amène-le sans suite, 2
Et de ton heureux sort laisse-moi la conduite.

ATTALE.

Mais, madame, s'il faut...

ARSINOÉ.

Va, n'appréhende rien ;
Et pour avancer tout hâte cet entretien.

SCÈNE V.

ARSINOÉ, CLÉONE.

CLÉONE.

Vous lui cachez, madame, un dessein qui le touche !

ARSINOÉ.

Je crains qu'en l'apprenant son cœur ne s'effarouche ;
Je crains qu'à la vertu par les Romains instruit [1]
De ce que je prépare il ne m'ôte le fruit,
Et ne conçoive mal qu'il n'est fourbe ni crime
Qu'un trône acquis par-là ne rende légitime.

CLÉONE.

J'aurois cru les Romains un peu moins scrupuleux ;
Et la mort d'Annibal m'eût fait mal juger d'eux.

ARSINOÉ.

Ne leur impute pas une telle injustice ;
Un Romain seul l'a faite, et par mon artifice.
Rome l'eût laissé vivre ; et sa légalité [2]
N'eût point forcé les lois de l'hospitalité.
Savante à ses dépens de ce qu'il savoit faire, [3]
Elle le souffroit mal auprès d'un adversaire ;
Mais quoique, par ce triste et prudent souvenir,
De chez Antiochus elle l'ait fait bannir, [4]
Elle auroit vu couler sans crainte et sans envie
Chez un prince allié les restes de sa vie.
Le seul Flaminius, trop piqué de l'affront
Que son père défait lui laisse sur le front,
(Car je crois que tu sais que, quand l'aigle romaine [5]
Vit choir ses légions aux bords du Trasimène, [6]

Flaminius son père en étoit général,
Et qu'il y tomba mort de la main d'Annibal ;)
Ce fils donc, qu'a pressé la soif de sa vengeance, 7
S'est aisément rendu de mon intelligence : 8
L'espoir d'en voir l'objet entre ses mains remis 9
A pratiqué par lui le retour de mon fils ;
Par lui j'ai jeté Rome en haute jalousie 10
De ce que Nicomède a conquis dans l'Asie,
Et de voir Laodice unir tous ses états,
Par l'hymen de ce prince, à ceux de Prusias :
Si bien que le sénat prenant un juste ombrage
D'un empire si grand sous un si grand courage,
Il s'en est fait nommer lui-même ambassadeur, 11
Pour rompre cet hymen et borner sa grandeur.
Et voilà le seul point où Rome s'intéresse. 12

CLÉONE.

Attale à ce dessein entreprend sa maîtresse ! 13
Mais que n'agissoit Rome avant que le retour
De cet amant si cher affermît son amour ?

ARSINOÉ.

Irriter un vainqueur en tête d'une armée
Prête à suivre en tous lieux sa colère allumée,
C'étoit trop hasarder ; et j'ai cru pour le mieux 14
Qu'il falloit de son fort l'attirer en ces lieux.
Métrobate l'a fait par des terreurs paniques, 15
Feignant de lui trahir mes ordres tyranniques ; 16
Et pour l'assassiner se disant suborné,
Il l'a, graces aux dieux, doucement amené.
Il vient s'en plaindre au roi, lui demander justice ;
Et sa plainte le jette au bord du précipice.
Sans prendre aucun souci de m'en justifier,
Je saurai m'en servir à me fortifier.

Tantôt en le voyant j'ai fait de l'effrayée, [17]
J'ai changé de couleur, je me suis écriée :
Il a cru me surprendre, et l'a cru bien en vain,
Puisque son retour même est l'œuvre de ma main.

CLÉONE.

Mais, quoi que Rome fasse et qu'Attale prétende,
Le moyen qu'à ses yeux Laodice se rende ?

ARSINOÉ.

Et je n'engage aussi mon fils en cet amour
Qu'à dessein d'éblouir le roi, Rome, et la cour.
Je n'en veux pas, Cléone, au sceptre d'Arménie :
Je cherche à m'assurer celui de Bithynie ;
Et si ce diadème une fois est à nous, [18]
Que cette reine après se choisisse un époux.
Je ne la vais presser que pour la voir rebelle,
Que pour aigrir les cœurs de son amant et d'elle.
Le roi, que le Romain poussera vivement, [19]
De peur d'offenser Rome agira chaudement ;
Et ce prince, piqué d'une juste colère, [20]
S'emportera sans doute et bravera son père.
S'il est prompt et bouillant, le roi ne l'est pas moins ;
Et comme à l'échauffer j'appliquerai mes soins, [21]
Pour peu qu'à de tels coups cet amant soit sensible,
Mon entreprise est sûre, et sa perte infaillible.

Voilà mon cœur ouvert, et tout ce qu'il prétend. [22]
Mais dans mon cabinet Flaminius m'attend. [23]
Allons, et garde bien le secret de ta reine.

CLÉONE.

Vous me connoissez trop pour vous en mettre en peine. [24]

FIN DU PREMIER ACTE.

ACTE SECOND.
SCÈNE I.
PRUSIAS, ARASPE.

PRUSIAS.

Revenir sans mon ordre, et se montrer ici !

ARASPE.

Seigneur, vous auriez tort d'en prendre aucun souci ;
Et la haute vertu du prince Nicomède [1]
Pour ce qu'on peut en craindre est un puissant remède.
Mais tout autre que lui devroit être suspect :
Un retour si soudain manque un peu de respect, [2]
Et donne lieu d'entrer en quelque défiance
Des secrètes raisons de tant d'impatience.

PRUSIAS.

Je ne les vois que trop, et sa témérité
N'est qu'un pur attentat sur mon autorité :
Il n'en veut plus dépendre, et croit que ses conquêtes [3]
Au-dessus de son bras ne laissent point de têtes ;
Qu'il est lui seul sa règle, et que sans se trahir
Des héros tels que lui ne sauroient obéir.

ARASPE.

C'est d'ordinaire ainsi que ses pareils agissent :
A suivre leur devoir leurs hauts faits se ternissent ; [4]
Et ces grands cœurs, enflés du bruit de leurs combats, [5]
Souverains dans l'armée et parmi leurs soldats,

Font du commandement une douce habitude,
Pour qui l'obéissance est un métier bien rude.

PRUSIAS.

Dis tout, Araspe ; dis que le nom de sujet [6]
Réduit toute leur gloire en un rang trop abject ;
Que, bien que leur naissance au trône les destine, [7]
Si son ordre est trop lent, leur grand cœur s'en mutine ;
Qu'un père garde trop un bien qui leur est dû,
Et qui perd de son prix étant trop attendu ;
Qu'on voit naître de là mille sourdes pratiques [8]
Dans le gros de son peuple et dans ses domestiques ;
Et que, si l'on ne va jusqu'à trancher le cours
De son règne ennuyeux et de ses tristes jours,
Du moins une insolente et fausse obéissance,
Lui laissant un vain titre, usurpe sa puissance.

ARASPE.

C'est ce que de tout autre il faudroit redouter,
Seigneur, et qu'en tout autre il faudroit arrêter.
Mais ce n'est pas pour vous un avis nécessaire ;
Le prince est vertueux, et vous êtes bon père.

PRUSIAS.

Si je n'étois bon père, il seroit criminel : [9]
Il doit son innocence à l'amour paternel ;
C'est lui seul qui l'excuse et qui le justifie,
Ou lui seul qui me trompe et qui me sacrifie :
Car je dois craindre enfin que sa haute vertu
Contre l'ambition n'ait en vain combattu,
Qu'il ne force en son cœur la nature à se taire.
Qui se lasse d'un roi peut se lasser d'un père ;
Mille exemples sanglants nous peuvent l'enseigner :
Il n'est rien qui ne cède à l'ardeur de régner ; [10]

Et depuis qu'une fois elle nous inquiète,
La nature est aveugle et la vertu muette.
    Te le dirai-je, Araspe? il m'a trop bien servi;
Augmentant mon pouvoir, il me l'a tout ravi :
Il n'est plus mon sujet qu'autant qu'il le veut être;
Et qui me fait régner en effet est mon maître.
Pour paroître à mes yeux son mérite est trop grand :
On n'aime point à voir ceux à qui l'on doit tant.
Tout ce qu'il a fait parle au moment qu'il m'approche;
Et sa seule présence est un secret reproche :
Elle me dit toujours qu'il m'a fait trois fois roi,
Que je tiens plus de lui qu'il ne tiendra de moi;
Et que, si je lui laisse un jour une couronne,
Ma tête en porte trois que sa valeur me donne.
J'en rougis dans mon ame; et ma confusion,
Qui renouvelle et croît à chaque occasion,
Sans cesse offre à mes yeux cette vue importune,
Que qui m'en donne trois peut bien m'en ôter une;
Qu'il n'a qu'à l'entreprendre, et peut tout ce qu'il veut.
Juge, Araspe, où j'en suis s'il veut tout ce qu'il peut.

ARASPE.

Pour tout autre que lui je sais comme s'explique
La règle de la vraie et saine politique.
    Aussitôt qu'un sujet s'est rendu trop puissant,
Encor qu'il soit sans crime, il n'est pas innocent :
On n'attend point alors qu'il s'ose tout permettre;
C'est un crime d'état que d'en pouvoir commettre;
Et qui sait bien régner l'empêche prudemment
De mériter un juste et plus grand châtiment,
Et prévient, par un ordre à tous deux salutaire,
Ou les maux qu'il prépare, ou ceux qu'il pourroit faire.

3.

Mais, seigneur, pour le prince, il a trop de vertu;
Je vous l'ai déjà dit.

PRUSIAS.

Et m'en répondras-tu?
Me seras-tu garant de ce qu'il pourra faire
Pour venger Annibal, ou pour perdre son frère?
Et le prends-tu pour homme à voir d'un œil égal [12]
Et l'amour de son frère et la mort d'Annibal?
Non, ne nous flattons point : il court à sa vengeance;
Il en a le prétexte, il en a la puissance;
Il est l'astre naissant qu'adorent mes états;
Il est le dieu du peuple, et celui des soldats.
Sûr de ceux-ci, sans doute il vient soulever l'autre,
Fondre avec son pouvoir sur le reste du nôtre :
Mais ce peu qui m'en reste, encor que languissant,
N'est pas peut-être encor tout-à-fait impuissant.
Je veux bien toutefois agir avec adresse, [13]
Joindre beaucoup d'honneur à bien peu de rudesse,
Le chasser avec gloire, et mêler doucement
Le prix de son mérite à mon ressentiment :
Mais, s'il ne m'obéit, ou s'il ose s'en plaindre,
Quoi qu'il ait fait pour moi, quoi que j'en voie à craindre,
Dussé-je voir par-là tout l'état hasardé....

ARASPE

Il vient.

SCÈNE II.

PRUSIAS, NICOMÈDE, ARASPE.

PRUSIAS.

Vous voilà, prince! Et qui vous a mandé?

ACTE II, SCÈNE I!

NICOMÈDE.

La seule ambition de pouvoir en personne
Mettre à vos pieds, seigneur, encore une couronne,
De jouir de l'honneur de vos embrassements,
Et d'être le témoin de vos contentements.
Après la Cappadoce heureusement unie
Aux royaumes du Pont et de la Bithynie,
Je viens remercier et mon père et mon roi [1].
D'avoir eu la bonté de s'y servir de moi,
D'avoir choisi mon bras pour une telle gloire,
Et fait tomber sur moi l'honneur de sa victoire.

PRUSIAS.

Vous pouviez vous passer de mes embrassements, [2]
Me faire par écrit de tels remerciments;
Et vous ne deviez pas envelopper d'un crime
Ce que votre victoire ajoute à votre estime.
Abandonner mon camp en est un capital, [3]
Inexcusable en tous, et plus au général;
Et tout autre que vous, malgré cette conquête,
Revenant sans mon ordre, eût payé de sa tête.

NICOMÈDE.

J'ai failli, je l'avoue, et mon cœur imprudent
A trop cru les transports d'un désir trop ardent:
L'amour que j'ai pour vous a commis cette offense,
Lui seul à mon devoir fait cette violence.
Si le bien de vous voir m'étoit moins précieux,
Je serois innocent, mais si loin de vos yeux,
Que j'aime mieux, seigneur, en perdre un peu d'estime,
Et qu'un bonheur si grand me coûte un petit crime, [4]
Qui ne craindra jamais la plus sévère loi
Si l'amour juge en vous ce qu'il a fait en moi.

PRUSIAS.

La plus mauvaise excuse est assez pour un père,
Et sous le nom d'un fils toute faute est légère :
Je ne veux voir en vous que mon unique appui.
Recevez tout l'honneur qu'on vous doit aujourd'hui.
L'ambassadeur romain me demande audience ;
Il verra ce qu'en vous je prends de confiance ;
Vous l'écouterez, prince, et répondrez pour moi.
Vous êtes aussi-bien le véritable roi ;
Je n'en suis plus que l'ombre, et l'âge ne m'en laisse 5
Qu'un vain titre d'honneur qu'on rend à ma vieillesse ;
Je n'ai plus que deux jours peut-être à le garder.
L'intérêt de l'état vous doit seul regarder ; 6
Prenez-en aujourd'hui la marque la plus haute : 7
Mais gardez-vous aussi d'oublier votre faute ; 8
Et, comme elle fait brèche au pouvoir souverain,
Pour la bien réparer, retournez dès demain.
Remettez en éclat la puissance absolue : 9
Attendez-la de moi comme je l'ai reçue,
Inviolable, entière ; et n'autorisez pas 10
De plus méchants que vous à la mettre plus bas.
Le peuple qui vous voit, la cour qui vous contemple,
Vous désobéiroient sur votre propre exemple :
Donnez-leur-en un autre, et montrez à leurs yeux
Que nos premiers sujets obéissent le mieux.

NICOMÈDE.

J'obéirai, seigneur, et plus tôt qu'on ne pense ;
Mais je demande un prix de mon obéissance.
   La reine d'Arménie est due à ses états,
Et j'en vois les chemins ouverts par nos combats.
Il est temps qu'en son ciel cet astre aille reluire : 11
De grace accordez-moi l'honneur de l'y conduire.

PRUSIAS.

Il n'appartient qu'à vous, et cet illustre emploi
Demande un roi lui-même, ou l'héritier d'un roi.
Mais pour la renvoyer jusqu'en son Arménie
Vous savez qu'il y faut quelque cérémonie : 12
Tandis que je ferai préparer son départ,
Vous irez dans mon camp l'attendre de ma part.

NICOMÈDE.

Elle est prête à partir sans plus grand équipage. 13

PRUSIAS.

Je n'ai garde à son rang de faire un tel outrage. 14
Mais l'ambassadeur entre, il le faut écouter ;
Puis nous verrons quel ordre on y doit apporter.

SCÈNE III.

PRUSIAS, NICOMÈDE, FLAMINIUS, ARASPE.

FLAMINIUS.

Sur le point de partir, Rome, seigneur, me mande
Que je vous fasse encor pour elle une demande.
Elle a nourri vingt ans un prince votre fils ;
Et vous pouvez juger des soins qu'elle en a pris 1
Par les hautes vertus et les illustres marques
Qui font briller en lui le sang de vos monarques.
Surtout il est instruit en l'art de bien régner :
C'est à vous de le croire, et de le témoigner.
Si vous faites état de cette nourriture, 2
Donnez ordre qu'il règne : elle vous en conjure ;
Et vous offenseriez l'estime qu'elle en fait 3
Si vous le laissiez vivre et mourir en sujet.

Faites donc aujourd'hui que je lui puisse dire
Où vous lui destinez un souverain empire.

PRUSIAS.

Les soins qu'ont pris de lui le peuple et le sénat
Ne trouveront en moi jamais un père ingrat :
Je crois que pour régner il en a les mérites,
Et n'en veux point douter après ce que vous dites.
Mais vous voyez, seigneur, le prince son aîné,
Dont le bras généreux trois fois m'a couronné ;
Il ne fait que sortir encor d'une victoire ;
Et pour tant de hauts faits je lui dois quelque gloire.
Souffrez qu'il ait l'honneur de répondre pour moi.

NICOMÈDE.

Seigneur, c'est à vous seul de faire Attale roi.

PRUSIAS.

C'est votre intérêt seul que sa demande touche.

NICOMÈDE.

Le vôtre toutefois m'ouvrira seul la bouche.
De quoi se mêle Rome ? et d'où prend le sénat,
Vous vivant, vous régnant, ce droit sur votre état ?
Vivez, régnez, seigneur, jusqu'à la sépulture,
Et laissez faire après, ou Rome, ou la nature.

PRUSIAS.

Pour de pareils amis il faut se faire effort.

NICOMÈDE.

Qui partage vos biens aspire à votre mort ;
Et de pareils amis, en bonne politique....

PRUSIAS.

Ah ! ne me brouillez point avec la république ;

Portez plus de respect à de tels alliés.

NICOMÈDE.

Je ne puis voir sous eux les rois humiliés ;
Et, quel que soit ce fils que Rome vous renvoie,
Seigneur, je lui rendrois son présent avec joie.
S'il est si bien instruit en l'art de commander,
C'est un rare trésor qu'elle devroit garder, 6
Et conserver chez soi sa chère nourriture,
Ou pour le consulat, ou pour la dictature.

FLAMINIUS, à Prusias.

Seigneur, dans ce discours qui nous traite si mal,
Vous voyez un effet des leçons d'Annibal ;
Ce perfide ennemi de la grandeur romaine 7
N'en a mis en son cœur que mépris et que haine.

NICOMÈDE.

Non ; mais il m'a surtout laissé ferme en ce point,
D'estimer beaucoup Rome, et ne la craindre point.
On me croit son disciple, et je le tiens à gloire ; 8
Et quand Flaminius attaque sa mémoire,
Il doit savoir qu'un jour il me fera raison
D'avoir réduit mon maître au secours du poison,
Et n'oublier jamais qu'autrefois ce grand homme
Commença par son père à triompher de Rome.

FLAMINIUS.

Ah ! c'est trop m'outrager.

NICOMÈDE.

N'outragez plus les morts.

PRUSIAS.

Et vous, ne cherchez point à former de discords ;

Parlez, et nettement, sur ce qu'il me propose.

NICOMÈDE.

Eh bien, s'il est besoin de répondre autre chose,
Attale doit régner, Rome l'a résolu ;
Et, puisqu'elle a partout un pouvoir absolu,
C'est aux rois d'obéir alors qu'elle commande.
Attale a le cœur grand, l'esprit grand, l'ame grande, 9
Et toutes les grandeurs dont se fait un grand roi.
Mais c'est trop que d'en croire un Romain sur sa foi ;
Par quelque grand effet voyons s'il en est digne.
S'il a cette vertu, cette valeur insigne,
Donnez-lui votre armée, et voyons ces grands coups ;
Qu'il en fasse pour lui ce que j'ai fait pour vous ; 10
Qu'il règne avec éclat sur sa propre conquête,
Et que de sa victoire il couronne sa tête.
Je lui prête mon bras, et veux dès maintenant, 11
S'il daigne s'en servir, être son lieutenant.
L'exemple des Romains m'autorise à le faire ;
Le fameux Scipion le fut bien de son frère ;
Et lorsqu'Antiochus fut par eux détrôné,
Sous les lois du plus jeune on vit marcher l'aîné.
Les bords de l'Hellespont, ceux de la mer Égée,
Le reste de l'Asie à nos côtes rangée, 12
Offrent une matière à son ambition...

FLAMINIUS.

Rome prend tout ce reste en sa protection ;
Et vous n'y pouvez plus étendre vos conquêtes
Sans attirer sur vous d'effroyables tempêtes.

NICOMÈDE.

J'ignore sur ce point les volontés du roi :
Mais peut-être qu'un jour je dépendrai de moi ;

ACTE II, SCÈNE III.

Et nous verrons alors l'effet de ces menaces.

Vous pouvez cependant faire munir ces places,
Préparer un obstacle à mes nouveaux desseins,
Disposer de bonne heure un secours de Romains ;
Et si Flaminius en est le capitaine, 13
Nous pourrons lui trouver un lac de Trasimène.

PRUSIAS.

Prince, vous abusez trop tôt de ma bonté :
Le rang d'ambassadeur doit être respecté ;
Et l'honneur souverain qu'ici je vous défère...

NICOMÈDE.

Ou laissez-moi parler, sire, ou faites-moi taire. 14
Je ne sais point répondre autrement pour un roi
A qui dessus son trône on veut faire la loi.

PRUSIAS.

Vous m'offensez moi-même en parlant de la sorte,
Et vous devez domter l'ardeur qui vous emporte.

NICOMÈDE.

Quoi ! je verrai, seigneur, qu'on borne vos états,
Qu'au milieu de ma course on m'arrête le bras,
Que de vous menacer on a même l'audace ;
Et je ne rendrai point menace pour menace !
Et je remercîrai qui me dit hautement
Qu'il ne m'est plus permis de vaincre impunément !

PRUSIAS, à Flaminius.

Seigneur, vous pardonnez aux chaleurs de son âge : 15
Le temps et la raison pourront le rendre sage. 16

NICOMÈDE.

La raison et le temps m'ouvrent assez les yeux,
Et l'âge ne fera que me les ouvrir mieux.

Si j'avois jusqu'ici vécu, comme ce frère,
Avec une vertu qui fût imaginaire,
(Car je l'appelle ainsi quand elle est sans effets ;
Et l'admiration de tant d'hommes parfaits
Dont il a vu dans Rome éclater le mérite
N'est pas grande vertu si l'on ne les imite ;)
Si j'avois donc vécu dans ce même repos
Qu'il a vécu dans Rome auprès de ses héros,
Elle me laisseroit la Bithynie entière
Telle que de tous temps l'aîné la tient d'un père,
Et s'empresseroit moins à le faire régner,
Si vos armes sous moi n'avoient su rien gagner :
Mais parcequ'elle voit avec la Bithynie
Par trois sceptres conquis trop de puissance unie,
Il faut la diviser ; et, dans ce beau projet,
Ce prince est trop bien né pour vivre mon sujet !
Puisqu'il peut la servir à me faire descendre, [17]
Il a plus de vertu que n'en eut Alexandre ;
Et je lui dois quitter, pour le mettre en mon rang, [18]
Le bien de mes aïeux, ou le prix de mon sang.
Graces aux immortels, l'effort de mon courage
Et ma grandeur future ont mis Rome en ombrage.
Vous pouvez l'en guérir, seigneur, et promptement ;
Mais n'exigez d'un fils aucun consentement :
Le maître qui prit soin d'instruire ma jeunesse
Ne m'a jamais appris à faire une bassesse.

FLAMINIUS.

A ce que je puis voir, vous avez combattu,
Prince, par intérêt, plutôt que par vertu.
Les plus rares exploits que vous ayez pu faire [19]
N'ont jeté qu'un dépôt sur la tête d'un père ;

Vous n'avez fait le roi que garde de leur prix ;
Et ce n'est que pour vous que vous avez conquis,
Puisque cette grandeur à son trône attachée
Sur nul autre que vous ne peut être épanchée.
Certes je vous croyois un peu plus généreux :
Quand les Romains le sont, ils ne font rien pour eux.
Scipion, dont tantôt vous vantiez le courage,
Ne vouloit point régner sur les murs de Carthage ;
Et de tout ce qu'il fit pour l'empire romain
Il n'en eut que la gloire, et le nom d'Africain.
Mais on ne voit qu'à Rome une vertu si pure ;
Le reste de la terre est d'une autre nature.

 Quant aux raisons d'état qui vous font concevoir
Que nous craignons en vous l'union du pouvoir,
Si vous en consultiez des têtes bien sensées, [20]
Elles vous déferoient de ces belles pensées :
Par respect pour le roi je ne dis rien de plus.
Prenez quelque loisir de rêver là-dessus ;
Laissez moins de fumée à vos feux militaires, [21]
Et vous pourrez avoir des visions plus claires.

NICOMÈDE.

Le temps pourra donner quelque décision [22]
Si la pensée est belle, ou si c'est vision.
Cependant....

FLAMINIUS.

   Cependant, si vous trouvez des charmes [23]
A pousser plus avant la gloire de vos armes,
Nous ne la bornons point ; mais, comme il est permis
Contre qui que ce soit de servir ses amis,
Si vous ne le savez, je veux bien vous l'apprendre,
Et vous en donne avis pour ne vous pas surprendre.

Au reste, soyez sûr que vous possèderez
Tout ce qu'en votre cœur déjà vous dévorez :
Le Pont sera pour vous avec la Galatie,
Avec la Cappadoce, avec la Bithynie.
Ce bien de vos aïeux, ces prix de votre sang,
Ne mettront point Attale en votre illustre rang ;
Et, puisque leur partage est pour vous un supplice,
Rome n'a pas dessein de vous faire injustice.
Ce prince régnera sans rien prendre sur vous.

(à Prusias.)

La reine d'Arménie a besoin d'un époux,
Seigneur, l'occasion ne peut être plus belle ;
Elle vit sous vos lois, et vous disposez d'elle.

NICOMÈDE.

Voilà le vrai secret de faire Attale roi,
Comme vous l'avez dit, sans rien prendre sur moi.
La pièce est délicate, et ceux qui l'ont tissue [24]
A de si longs détours font une digne issue.
Je n'y réponds qu'un mot, étant sans intérêt. [25]
    Traitez cette princesse en reine comme elle est : [26]
Ne touchez point en elle aux droits du diadème ;
Ou pour les maintenir je périrai moi-même.
Je vous en donne avis, et que jamais les rois,
Pour vivre en nos états, ne vivent sous nos lois ;
Qu'elle seule en ces lieux d'elle-même dispose.

PRUSIAS.

N'avez-vous, Nicomède, à lui dire autre chose ? [27]

NICOMÈDE.

Non, seigneur, si ce n'est que la reine, après tout, [28]
Sachant ce que je puis, me pousse trop à bout.

PRUSIAS.
Contre elle dans ma cour que peut votre insolence?
NICOMÈDE.
Rien du tout, que garder ou rompre le silence.
Une seconde fois avisez, s'il vous plaît,
A traiter Laodice en reine comme elle est;
C'est moi qui vous en prie.

SCÈNE IV.

PRUSIAS, FLAMINIUS, ARASPE.

FLAMINIUS.
Eh quoi! toujours obstacle! [1]
PRUSIAS.
De la part d'un amant ce n'est pas grand miracle.
Cet orgueilleux esprit, enflé de ses succès, [2]
Pense bien de son cœur nous empêcher l'accès;
Mais il faut que chacun suive sa destinée.
L'amour entre les rois ne fait pas l'hyménée; [3]
Et les raisons d'état, plus fortes que ses nœuds, [4]
Trouvent bien les moyens d'en éteindre les feux.
FLAMINIUS.
Comme elle a de l'amour, elle aura du caprice. [5]
PRUSIAS.
Non, non; je vous réponds, seigneur, de Laodice:
Mais enfin elle est reine; et cette qualité
Semble exiger de nous quelque civilité.
J'ai sur elle, après tout, une puissance entière;
Mais j'aime à la cacher sous le nom de prière:
Rendons-lui donc visite; et, comme ambassadeur,
Proposez cet hymen vous-même à sa grandeur. [6]

Je seconderai Rome, et veux vous introduire. 7
Puisqu'elle est en nos mains, l'amour ne nous peut nuire.
Allons de sa réponse à votre compliment 8
Prendre l'occasion de parler hautement.

FIN DU SECOND ACTE.

ACTE TROISIÈME.

SCÈNE I.

PRUSIAS, FLAMINIUS, LAODICE.

PRUSIAS.

Reine, puisque ce titre a pour vous tant de charmes, [1]
Sa perte vous devroit donner quelques alarmes :
Qui tranche trop du roi ne règne pas long-temps. [2]

LAODICE.

J'observerai, seigneur, ces avis importants ;
Et, si jamais je règne, on verra la pratique
D'une si salutaire et noble politique.

PRUSIAS.

Vous vous mettez fort mal au chemin de régner. [3]

LAODICE.

Seigneur, si je m'égare, on peut me l'enseigner.

PRUSIAS.

Vous méprisez trop Rome, et vous devriez faire [4]
Plus d'estime d'un roi qui vous tient lieu de père.

LAODICE.

Vous verriez qu'à tous deux je rends ce que je doi,
Si vous vouliez mieux voir ce que c'est qu'être roi.
Recevoir ambassade en qualité de reine, [5]
Ce seroit à vos yeux faire la souveraine,
Entreprendre sur vous, et dedans votre état
Sur votre autorité commettre un attentat :

Je la refuse donc, seigneur, et me dénie
L'honneur qui ne m'est dû que dans mon Arménie.
C'est là que sur mon trône avec plus de splendeur
Je puis honorer Rome en son ambassadeur,
Faire réponse en reine, et comme le mérite
Et de qui l'on me parle, et qui m'en sollicite.
Ici c'est un métier que je n'entends pas bien : 6
Car hors de l'Arménie enfin je ne suis rien ; 7
Et ce grand nom de reine ailleurs ne m'autorise 8
Qu'à n'y voir point de trône à qui je sois soumise,
A vivre indépendante, et n'avoir en tous lieux
Pour souverains que moi, la raison, et les dieux.

PRUSIAS.

Ces dieux vos souverains, et le roi votre père,
De leur pouvoir sur vous m'ont fait dépositaire ;
Et vous pourrez peut-être apprendre une autre fois
Ce que c'est en tous lieux que la raison des rois.
Pour en faire l'épreuve allons en Arménie.
Je vais vous y remettre en bonne compagnie. 9
Partons, et dès demain, puisque vous le voulez.
Préparez-vous à voir vos pays désolés ;
Préparez-vous à voir par toute votre terre 10
Ce qu'ont de plus affreux les fureurs de la guerre,
Des montagnes de morts, des rivières de sang.

LAODICE.

Je perdrai mes états, et garderai mon rang ;
Et ces vastes malheurs où mon orgueil me jette
Me feront votre esclave, et non votre sujette :
Ma vie est en vos mains, mais non ma dignité.

PRUSIAS.

Nous ferons bien changer ce courage indomté ;

ACTE III, SCÈNE I.

Et quand vos yeux, frappés de toutes ces misères,
Verront Attale assis au trône de vos pères,
Alors, peut-être, alors vous le prîrez en vain
Que pour y remonter il vous donne la main.

LAODICE.

Si jamais jusque-là votre guerre m'engage,
Je serai bien changée et d'ame et de courage. 11
Mais peut-être, seigneur, vous n'irez pas si loin :
Les dieux de ma fortune auront un peu de soin ;
Ils vous inspireront, ou trouveront un homme
Contre tant de héros que vous prêtera Rome.

PRUSIAS.

Sur un présomptueux vous fondez votre appui ;
Mais il court à sa perte, et vous traîne avec lui.
Pensez-y bien, madame, et faites-vous justice ;
Choisissez d'être reine, ou d'être Laodice ;
Et, pour dernier avis que vous aurez de moi,
Si vous voulez régner, faites Attale roi.
Adieu. 12

SCÈNE II.

FLAMINIUS, LAODICE.

FLAMINIUS.

MADAME, enfin une vertu parfaite.... 1

LAODICE.

Suivez le roi, seigneur, votre ambassade est faite ; 2
Et je vous dis encor, pour ne vous point flatter,
Qu'ici je ne la dois ni la veux écouter.

FLAMINIUS.

Et je vous parle aussi, dans ce péril extrême,
Moins en ambassadeur qu'en homme qui vous aime,
Et qui, touché du sort que vous vous préparez,
Tâche à rompre le cours des maux où vous courez.
   J'ose donc comme ami vous dire en confidence
Qu'une vertu parfaite a besoin de prudence,
Et doit considérer, pour son propre intérêt,
Et les temps où l'on vit, et les lieux où l'on est.
La grandeur de courage en une ame royale [3].
N'est sans cette vertu qu'une vertu brutale,
Que son mérite aveugle, et qu'un faux jour d'honneur
Jette en un tel divorce avec le vrai bonheur,
Qu'elle-même se livre à ce qu'elle doit craindre,
Ne se fait admirer que pour se faire plaindre,
Que pour nous pouvoir dire, après un grand soupir,
« J'avois droit de régner, et n'ai su m'en servir!»
Vous irritez un roi dont vous voyez l'armée
Nombreuse, obéissante, à vaincre accoutumée :
Vous êtes en ses mains, vous vivez dans sa cour.

LAODICE.

Je ne sais si l'honneur eut jamais un faux jour, [4]
Seigneur; mais je veux bien vous répondre en amie. [5]
   Ma prudence n'est pas tout-à-fait endormie;
Et, sans examiner par quel destin jaloux
La grandeur de courage est si mal avec vous, [6]
Je veux vous faire voir que celle que j'étale
N'est pas tant qu'il vous semble une vertu brutale;
Que, si j'ai droit au trône, elle s'en veut servir,
Et sait bien repousser qui me le veut ravir.
   Je vois sur la frontière une puissante armée,
Comme vous l'avez dit, à vaincre accoutumée;

Mais par quelle conduite, et sous quel général ?
Le roi, s'il s'en fait fort, pourroit s'en trouver mal; 7
Et, s'il vouloit passer de son pays au nôtre, 8
Je lui conseillerois de s'assurer d'un autre.
Mais je vis dans sa cour, je suis dans ses états,
Et j'ai peu de raison de ne le craindre pas !
Seigneur, dans sa cour même, et hors de l'Arménie,
La vertu trouve appui contre la tyrannie. 9
Tout son peuple a des yeux pour voir quel attentat 10
Font sur le bien public les maximes d'état :
Il connoît Nicomède, il connoît sa marâtre ;
Il en sait, il en voit la haine opiniâtre ;
Il voit la servitude où le roi s'est soumis,
Et connoît d'autant mieux les dangereux amis.

  Pour moi, que vous croyez au bord du précipice,
Bien loin de mépriser Attale par caprice,
J'évite les mépris qu'il recevroit de moi
S'il tenoit de ma main la qualité de roi.
Je le regarderois comme une ame commune,
Comme un homme mieux né pour une autre fortune,
Plus mon sujet qu'époux ; et le nœud conjugal
Ne le tireroit pas de ce rang inégal.
Mon peuple à mon exemple en feroit peu d'estime.
Ce seroit trop, seigneur, pour un cœur magnanime :
Mon refus lui fait grace ; et, malgré ses désirs,
J'épargne à sa vertu d'éternels déplaisirs.

FLAMINIUS.

Si vous me dites vrai, vous êtes ici reine : 11
Sur l'armée et la cour je vous vois souveraine ;
Le roi n'est qu'une idée, et n'a de son pouvoir 12
Que ce que par pitié vous lui laissez avoir.

Quoi ! même vous allez jusques à faire grace !
Après cela, madame, excusez mon audace ;
Souffrez que Rome enfin vous parle par ma voix.
Recevoir ambassade est encor de vos droits :
Ou si ce nom vous choque ailleurs qu'en Arménie,
Comme simple Romain souffrez que je vous die
Qu'être allié de Rome, et s'en faire un appui,
C'est l'unique moyen de régner aujourd'hui ;
Que c'est par là qu'on tient ses voisins en contrainte,
Ses peuples en repos, ses ennemis en crainte ;
Qu'un prince est dans son trône à jamais affermi,
Quand il est honoré du nom de son ami ;
Qu'Attale avec ce titre est plus roi, plus monarque,
Que tous ceux dont le front ose en porter la marque ;
Et qu'enfin....

LAODICE.

Il suffit ; je vois bien ce que c'est : [13]
Tous les rois ne sont rois qu'autant comme il vous plaît. [14]
Mais si de leurs états Rome à son gré dispose,
Certes, pour son Attale elle fait peu de chose ;
Et qui tient en sa main tant de quoi lui donner
A mendier pour lui devroit moins s'obstiner.
Pour un prince si cher sa réserve m'étonne :
Que ne me l'offre-t-elle avec une couronne ?
C'est trop m'importuner en faveur d'un sujet,
Moi qui tiendrois un roi pour un indigne objet,
S'il venoit par votre ordre, et si votre alliance
Souilloit entre ses mains la suprême puissance.
Ce sont des sentiments que je ne puis trahir :
Je ne veux point de rois qui sachent obéir ;
Et, puisque vous voyez mon ame tout entière,
Seigneur, ne perdez plus menace ni prière.

FLAMINIUS.

Puis-je ne pas vous plaindre en cet aveuglement ?
Madame, encore un coup, pensez-y mûrement :
Songez mieux ce qu'est Rome, et ce qu'elle peut faire ;
Et si vous vous aimez, craignez de lui déplaire.
Carthage étant détruite, Antiochus défait,
Rien de nos volontés ne peut troubler l'effet.
Tout fléchit sur la terre, et tout tremble sur l'onde ; 15
Et Rome est aujourd'hui la maîtresse du monde.

LAODICE.

La maîtresse du monde ! Ah ! vous me feriez peur
S'il ne s'en falloit pas l'Arménie et mon cœur,
Si le grand Annibal n'avoit qui lui succède,
S'il ne revivoit pas au prince Nicomède,
Et s'il n'avoit laissé dans de si dignes mains
L'infaillible secret de vaincre les Romains.
Un si vaillant disciple aura bien le courage
D'en mettre jusqu'au bout les leçons en usage :
L'Asie en fait l'épreuve, où trois sceptres conquis 16
Font voir en quelle école il en a tant appris.
Ce sont des coups d'essai, mais si grands, que peut-être 17
Le Capitole a droit d'en craindre un coup de maître,
Et qu'il ne puisse un jour....

FLAMINIUS.

           Ce jour est encor loin,
Madame ; et quelques-uns vous diront, au besoin, 18
Quels dieux du haut en bas renversent les profanes,
Et que, même au sortir de Trébie et de Cannes,
Son ombre épouvanta votre grand Annibal.
Mais le voici ce bras à Rome si fatal.

SCÈNE III.

NICOMÈDE, LAODICE, FLAMINIUS.

NICOMÈDE.

Ou Rome à ses agents donne un pouvoir bien large, [1]
Ou vous êtes bien long à faire votre charge.

FLAMINIUS.

Je sais quel est mon ordre ; et si j'en sors ou non,
C'est à d'autres qu'à vous que j'en rendrai raison.

NICOMÈDE.

Allez-y donc, de grace, et laissez à ma flamme [2]
Le bonheur à son tour d'entretenir madame :
Vous avez dans son cœur fait de si grands progrès,
Et vos discours pour elle ont de si grands attraits,
Que sans de grands efforts je n'y pourrai détruire
Ce que votre harangue y vouloit introduire.

FLAMINIUS.

Les malheurs où la plonge une indigne amitié [3]
Me faisoient lui donner un conseil par pitié.

NICOMÈDE.

Lui donner de la sorte un conseil charitable,
C'est être ambassadeur et tendre et pitoyable. [4]
    Vous a-t-il conseillé beaucoup de lâchetés, [5]
Madame ?

FLAMINIUS.

    Ah ! c'en est trop, et vous vous emportez.

NICOMÈDE.

Je m'emporte ?

FLAMINIUS.

    Sachez qu'il n'est point de contrée

ACTE III, SCÈNE III.

Où d'un ambassadeur la dignité sacrée....

NICOMÈDE.

Ne nous vantez plus tant son rang et sa splendeur.
Qui fait le conseiller n'est plus ambassadeur;
Il excède sa charge, et lui-même y renonce.
Mais dites-moi, madame, a-t-il eu sa réponse?

LAODICE.

Oui, seigneur.

NICOMÈDE.

Sachez donc que je ne vous prends plus
Que pour l'agent d'Attale, et pour Flaminius;
Et, si vous me fâchiez, j'ajouterois peut-être
Que pour l'empoisonneur d'Annibal, de mon maître.
Voilà tous les honneurs que vous aurez de moi :
S'ils ne vous satisfont, allez vous plaindre au roi.

FLAMINIUS.

Il me fera justice, encor qu'il soit bon père;
Ou Rome, à son refus, se la saura bien faire.

NICOMÈDE.

Allez de l'un et l'autre embrasser les genoux.

FLAMINIUS.

Les effets répondront. Prince, pensez à vous.

NICOMÈDE.

Cet avis est plus propre à donner à la reine.

SCÈNE IV.

NICOMÈDE, LAODICE.

NICOMÈDE.

MA générosité cède enfin à sa haine :

Je l'épargnois assez pour ne découvrir pas
Les infâmes projets de ses assassinats ;
Mais enfin on m'y force, et tout son crime éclate
J'ai fait entendre au roi Zénon et Métrobate ; [1]
Et, comme leur rapport a de quoi l'étonner,
Lui-même il prend le soin de les examiner.

LAODICE.

Je ne sais pas, seigneur, quelle en sera la suite ;
Mais je ne comprends point toute cette conduite,
Ni comme à cet éclat la reine vous contraint.
Plus elle vous doit craindre, et moins elle vous craint ;
Et plus vous la pouvez accabler d'infamie,
Plus elle vous attaque en mortelle ennemie.

NICOMÈDE.

Elle prévient ma plainte, et cherche adroitement
A la faire passer pour un ressentiment ;
Et ce masque trompeur de fausse hardiesse
Nous déguise sa crainte, et couvre sa foiblesse.

LAODICE.

Les mystères de cour souvent sont si cachés [2]
Que les plus clairvoyants y sont bien empêchés.
Lorsque vous n'étiez point ici pour me défendre,
Je n'avois contre Attale aucun combat à rendre ;
Rome ne songeoit point à troubler notre amour :
Bien plus, on ne vous souffre ici que ce seul jour ;
Et, dans ce même jour, Rome, en votre présence,
Avec chaleur pour lui presse mon alliance.
Pour moi, je ne vois goutte en ce raisonnement [3]
Qui n'attend point le temps de votre éloignement ;
Et j'ai devant les yeux toujours quelque nuage
Qui m'offusque la vue, et m'y jette un ombrage.

Le roi chérit sa femme, il craint Rome; et, pour vous,
S'il ne voit vos hauts faits d'un œil un peu jaloux,
Du moins, à dire tout, je ne saurois vous taire
Qu'il est trop bon mari pour être assez bon père.
  Voyez quel contre-temps Attale prend ici !
Qui l'appelle avec nous ? quel projet ? quel souci ?
Je conçois mal, seigneur, ce qu'il faut que j'en pense;
Mais j'en romprai le coup, s'il y faut ma présence.
Je vous quitte.

SCÈNE V.

NICOMÈDE, ATTALE, LAODICE.

ATTALE.

Madame, un si doux entretien
N'est plus charmant pour vous quand j'y mêle le mien.

LAODICE.

Votre importunité, que j'ose dire extrême,
Me peut entretenir en un autre moi-même :
Il connoît tout mon cœur, et répondra pour moi,
Comme à Flaminius il a fait pour le roi.

SCÈNE VI.

NICOMÈDE, ATTALE.

ATTALE.

Puisque c'est la chasser, seigneur, je me retire.

NICOMÈDE.

Non, non; j'ai quelque chose aussi-bien à vous dire,
Prince. J'avois mis bas, avec le nom d'aîné,
L'avantage du trône où je suis destiné;

5.

Et voulant seul ici défendre ce que j'aime,
Je vous avois prié de l'attaquer de même, 2
Et de ne mêler point, surtout, dans vos desseins
Ni le secours du roi ni celui des Romains :
Mais, ou vous n'avez pas la mémoire fort bonne, 3
Ou vous n'y mettez rien de ce qu'on vous ordonne. 4.

ATTALE.

Seigneur, vous me forcez à m'en souvenir mal,
Quand vous n'achevez pas de rendre tout égal.
Vous vous défaites bien de quelques droits d'aînesse ;
Mais vous défaites-vous du cœur de la princesse, 5
De toutes les vertus qui vous en font aimer,
Des hautes qualités qui savent tout charmer,
De trois sceptres conquis, du gain de six batailles,
Des glorieux assauts de plus de cent murailles ?
Avec de tels seconds rien n'est pour vous douteux.
Rendez donc la princesse égale entre nous deux : 6
Ne lui laissez plus voir ce long amas de gloire
Qu'à pleines mains sur vous a versé la victoire ;
Et faites qu'elle puisse oublier une fois
Et vos rares vertus et vos fameux exploits ;
Ou contre son amour, contre votre vaillance,
Souffrez Rome et le roi dedans l'autre balance :
Le peu qu'ils ont gagné vous fait assez juger
Qu'ils n'y mettront jamais qu'un contre-poids léger.

NICOMÈDE.

C'est n'avoir pas perdu tout votre temps à Rome,
Que vous savoir ainsi défendre en galant homme :
Vous avez de l'esprit, si vous n'avez du cœur. 7

SCÈNE VII.[1]

ARSINOÉ, NICOMÈDE, ATTALE, ARASPE.

ARASPE.

Seigneur, le roi vous mande.

NICOMÈDE.

Il me mande ?

ARASPE.

Oui, seigneur.

ARSINOÉ.

Prince, la calomnie est aisée à détruire.

NICOMÈDE.

J'ignore à quel sujet vous m'en venez instruire,
Moi qui ne doute point de cette vérité,
Madame.

ARSINOÉ.

Si jamais vous n'en aviez douté,
Prince, vous n'auriez pas, sous l'espoir qui vous flatte,
Amené de si loin Zénon et Métrobate.

NICOMÈDE.

Je m'obstinois, madame, à tout dissimuler ;
Mais vous m'avez forcé de les faire parler.

ARSINOÉ.

La vérité les force, et mieux que vos largesses.
Ces hommes du commun tiennent mal leurs promesses ;[2]
Tous deux en ont plus dit qu'ils n'avoient résolu.

NICOMÈDE.

J'en suis fâché pour vous, mais vous l'avez voulu.

ARSINOÉ.

Je le veux bien encore, et je n'en suis fâchée
Que d'avoir vu par là votre vertu tachée,
Et qu'il faille ajouter à vos titres d'honneur
La noble qualité de mauvais suborneur.

NICOMÈDE.

Je les ai subornés contre vous, à ce compte ?

ARSINOÉ.

J'en ai le déplaisir, vous en aurez la honte.

NICOMÈDE.

Et vous pensez par là leur ôter tout crédit ?

ARSINOÉ.

Non, seigneur ; je me tiens à ce qu'ils en ont dit.

NICOMÈDE.

Qu'ont-ils dit qui vous plaise, et que vous vouliez croire ?

ARSINOÉ.

Deux mots de vérité qui vous comblent de gloire.

NICOMÈDE.

Peut-on savoir de vous ces deux mots importants ?

ARASPE.

Seigneur, le roi s'ennuie, et vous tardez long-temps.

ARSINOÉ.

Vous les saurez de lui, c'est trop le faire attendre.

NICOMÈDE.

Je commence, madame, enfin à vous entendre :
Son amour conjugal, chassant le paternel,
Vous fera l'innocente, et moi le criminel.
Mais....

ACTE III, SCÈNE VII.

ARSINOÉ.

Achevez, seigneur; ce mais, que veut-il dire ? [5]

NICOMÈDE.

Deux mots de vérité qui font que je respire.

ARSINOÉ.

Peut-on savoir de vous ces deux mots importants ?

NICOMÈDE.

Vous les saurez du roi, je tarde trop long-temps.

SCÈNE VIII. [1]

ARSINOÉ, ATTALE.

ARSINOÉ.

Nous triomphons, Attale; et ce grand Nicomède
Voit quelle digne issue à ses fourbes succède.
Les deux accusateurs que lui-même a produits,
Que pour l'assassiner je dois avoir séduits,
Pour me calomnier subornés par lui-même,
N'ont su bien soutenir un si noir stratagème :
Tous deux m'ont accusée, et tous deux avoué
L'infâme et lâche tour qu'un prince m'a joué.
Qu'en présence des rois les vérités sont fortes ! [2]
Que pour sortir d'un cœur elles trouvent de portes ! [3]
Qu'on en voit le mensonge aisément confondu !
Tous deux vouloient me perdre, et tous deux l'ont perdu.

ATTALE.

Je suis ravi de voir qu'une telle imposture
Ait laissé votre gloire et plus grande et plus pure;
Mais pour l'examiner, et bien voir ce que c'est, [4]
Si vous pouviez vous mettre un peu hors d'intérêt,

Vous ne pourriez jamais, sans un peu de scrupule,
Avoir pour deux méchants une ame si crédule.
Ces perfides tous deux se sont dits aujourd'hui
Et subornés par vous, et subornés par lui :
Contre tant de vertus, contre tant de victoires,
Doit-on quelque croyance à des ames si noires ?
Qui se confesse traître est indigne de foi.

ARSINOÉ.

Vous êtes généreux, Attale, et je le vois ;
Même de vos rivaux la gloire vous est chère.

ATTALE.

Si je suis son rival, je suis aussi son frère ;
Nous ne sommes qu'un sang, et ce sang dans mon cœur [5]
A peine à le passer pour calomniateur.

ARSINOÉ.

Et vous en avez moins à me croire assassine, [6]
Moi, dont la perte est sûre à moins que sa ruine !

ATTALE.

Si contre lui j'ai peine à croire ces témoins,
Quand ils vous accusoient je les croyois bien moins.
Votre vertu, madame, est au-dessus du crime.
Souffrez donc que pour lui je garde un peu d'estime :
La sienne dans la cour lui fait mille jaloux,
Dont quelqu'un a voulu le perdre auprès de vous ;
Et ce lâche attentat n'est qu'un trait de l'envie
Qui s'efforce à noircir une si belle vie.
Pour moi, si par soi-même on peut juger d'autrui,
Ce que je sens en moi je le présume en lui.
Contre un si grand rival j'agis à force ouverte,
Sans blesser son honneur, sans pratiquer sa perte.

J'emprunte du secours, et le fais hautement;
Je crois qu'il n'agit pas moins généreusement,
Qu'il n'a que les desseins où sa gloire l'invite,
Et n'oppose à mes vœux que son propre mérite.

ARSINOÉ.

Vous êtes peu du monde, et savez mal la cour.

ATTALE.

Est-ce autrement qu'en prince on doit traiter l'amour?

ARSINOÉ.

Vous le traitez, mon fils, et parlez en jeune homme.

ATTALE.

Madame, je n'ai vu que des vertus à Rome.

ARSINOÉ.

Le temps vous apprendra, par de nouveaux emplois,
Quelles vertus il faut à la suite des rois.
Cependant, si le prince est encor votre frère,
Souvenez-vous aussi que je suis votre mère;
Et, malgré les soupçons que vous avez conçus,
Venez savoir du roi ce qu'il croit là-dessus.

FIN DU TROISIÈME ACTE.

ACTE QUATRIÈME.

SCÈNE I.[1]

PRUSIAS, ARSINOÉ, ARASPE.

PRUSIAS.

Faites venir le prince, Araspe.
(Araspe rentre.)
　　　　　　　　　　Et vous, madame,
Retenez des soupirs dont vous me percez l'ame.
Quel besoin d'accabler mon cœur de vos douleurs,
Quand vous y pouvez tout sans le secours des pleurs ?
Quel besoin que ces pleurs prennent votre défense ?
Douté-je de son crime, ou de votre innocence ?
Et reconnoissez-vous que tout ce qu'il m'a dit
Par quelque impression ébranle mon esprit ?

ARSINOÉ.

Ah ! seigneur, est-il rien qui répare l'injure
Que fait à l'innocence un moment d'imposture ?
Et peut-on voir mensonge assez tôt avorté
Pour rendre à la vertu toute sa pureté ?
Il en reste toujours quelque indigne mémoire
Qui porte une souillure à la plus haute gloire.
Combien dans votre cour est-il de médisants !
Combien le prince a-t-il d'aveugles partisans,
Qui, sachant une fois qu'on m'a calomniée,
Croiront que votre amour m'a seul justifiée !

Et si la moindre tache en demeure en mon nom,
Si le moindre du peuple en conserve un soupçon,
Suis-je digne de vous ? et de telles alarmes
Touchent-elles trop peu pour mériter mes larmes ?

PRUSIAS.

Ah ! c'est trop de scrupule, et trop mal présumer
D'un mari qui vous aime, et qui vous doit aimer.
La gloire est plus solide après la calomnie,
Et brille d'autant mieux qu'elle s'en vit ternie.
Mais voici Nicomède, et je veux qu'aujourd'hui...

SCÈNE II.

PRUSIAS, ARSINOÉ, NICOMÈDE, ARASPE, GARDES.

ARSINOÉ.

GRACE, grace, seigneur, à notre unique appui !
Grace à tant de lauriers en sa main si fertiles !
Grace à ce conquérant, à ce preneur de villes !
Grace....

NICOMÈDE.

       De quoi, madame ? est-ce d'avoir conquis
Trois sceptres que ma perte expose à votre fils ;
D'avoir porté si loin vos armes dans l'Asie,
Que même votre Rome en a pris jalousie ;
D'avoir trop soutenu la majesté des rois,
Trop rempli votre cour du bruit de mes exploits,
Trop du grand Annibal pratiqué les maximes ?
S'il faut grace pour moi, choisissez de mes crimes ;
Les voilà tous, madame ; et si vous y joignez
D'avoir cru des méchants par quelque autre gagnés,

D'avoir une ame ouverte, une franchise entière,
Qui, dans leur artifice, a manqué de lumière,
C'est gloire et non pas crime à qui ne voit le jour
Qu'au milieu d'une armée et loin de votre cour,
Qui n'a que la vertu de son intelligence, [2]
Et, vivant sans remords, marche sans défiance.

ARSINOÉ.

Je m'en dédis, seigneur ; il n'est point criminel.
S'il m'a voulu noircir d'un opprobre éternel,
Il n'a fait qu'obéir à la haine ordinaire
Qu'imprime à ses pareils le nom de belle-mère.
De cette aversion son cœur préoccupé
M'impute tous les traits dont il se sent frappé.
Que son maître Annibal, malgré la foi publique, [3]
S'abandonne aux fureurs d'une terreur panique ;
Que ce vieillard confie et gloire et liberté
Plutôt au désespoir qu'à l'hospitalité ;
Ces terreurs, ces fureurs sont de mon artifice.
Quelque appât que lui-même il trouve en Laodice,
C'est moi qui fais qu'Attale a des yeux comme lui ;
C'est moi qui force Rome à lui servir d'appui ;
De cette seule main part tout ce qui le blesse :
Et, pour venger ce maître et sauver sa maîtresse,
S'il a tâché, seigneur, de m'éloigner de vous,
Tout est trop excusable en un amant jaloux.
Ce foible et vain effort ne touche point mon ame.
Je sais que tout mon crime est d'être votre femme ;
Que ce nom seul l'oblige à me persécuter :
Car enfin hors de là que peut-il m'imputer ? [4]
Ma voix, depuis dix ans qu'il commande une armée,
A-t-elle refusé d'enfler sa renommée ?

Et, lorsqu'il l'a fallu puissamment secourir,
Que la moindre longueur l'auroit laissé périr,
Quel autre a mieux pressé les secours nécessaires ?
Qui l'a mieux dégagé de ses destins contraires ?
A-t-il eu près de vous un plus soigneux agent
Pour hâter les renforts et d'hommes et d'argent ?
Vous le savez, seigneur : et pour reconnoissance,
Après l'avoir servi de toute ma puissance,
Je vois qu'il a voulu me perdre auprès de vous !
Mais tout est excusable en un amant jaloux ; 5
Je vous l'ai déjà dit.

PRUSIAS.

Ingrat ! que peux-tu dire ?

NICOMÈDE.

Que la reine a pour moi des bontés que j'admire.
Je ne vous dirai point que ces puissants secours
Dont elle a conservé mon honneur et mes jours,
Et qu'avec tant de pompe à vos yeux elle étale,
Travailloient par ma main à la grandeur d'Attale ;
Que par mon propre bras elle amassoit pour lui, 6
Et préparoit dès-lors ce qu'on voit aujourd'hui.
Par quelques sentiments qu'elle ait été poussée,
J'en laisse le ciel juge : il connoît sa pensée ;
Il sait pour mon salut comme elle a fait des vœux ;
Il lui rendra justice, et peut-être à tous deux.
  Cependant, puisqu'enfin l'apparence est si belle,
Elle a parlé pour moi, je dois parler pour elle,
Et pour son intérêt vous faire souvenir
Que vous laissez long-temps deux méchants à punir.
Envoyez Métrobate et Zénon au supplice.
Sa gloire attend de vous ce digne sacrifice :

Tous deux l'ont accusée ; et, s'ils s'en sont dédits
Pour la faire innocente et charger votre fils,
Ils n'ont rien fait pour eux, et leur mort est trop juste
Après s'être joués d'une personne auguste.
L'offense une fois faite à ceux de notre rang 7
Ne se répare point que par des flots de sang :
On n'en fut jamais quitte ainsi pour s'en dédire.
Il faut sous les tourments que l'imposture expire ;
Ou vous exposeriez tout votre sang royal
A la légèreté d'un esprit déloyal.
L'exemple est dangereux, et hasarde nos vies 8
S'il met en sûreté de telles calomnies.

ARSINOÉ.

Quoi ! seigneur, les punir de la sincérité
Qui soudain dans leur bouche a mis la vérité,
Qui vous a contre moi sa fourbe découverte,
Qui vous rend votre femme et m'arrache à ma perte,
Qui vous a retenu d'en prononcer l'arrêt ;
Et couvrir tout cela de mon seul intérêt !
C'est être trop adroit, prince, et trop bien l'entendre. 9

PRUSIAS.

Laisse là Métrobate, et songe à te défendre. 10
Purge-toi d'un forfait si honteux et si bas.

NICOMÈDE.

M'en purger ! moi, seigneur ! Vous ne le croyez pas : 11
Vous ne savez que trop qu'un homme de ma sorte, 12
Quand il se rend coupable, un peu plus haut se porte ;
Qu'il lui faut un grand crime à tenter son devoir,
Où sa gloire se sauve à l'ombre du pouvoir.
Soulever votre peuple, et jeter votre armée
Dedans les intérêts d'une reine opprimée :

Venir, le bras levé, la tirer de vos mains
Malgré l'amour d'Attale et l'effort des Romains,
Et fondre en vos pays contre leur tyrannie
Avec tous vos soldats et toute l'Arménie ;
C'est ce que pourroit faire un homme tel que moi,
S'il pouvoit se résoudre à vous manquer de foi.
La fourbe n'est le jeu que des petites ames ; 13.
Et c'est là proprement le partage des femmes.

 Punissez donc, seigneur, Métrobate et Zénon ;
Pour la reine, ou pour moi, faites-vous-en raison.
A ce dernier moment la conscience presse ; 14
Pour rendre compte aux dieux tout respect humain cesse ;
Et ces esprits légers, approchant des abois, 15
Pourroient bien se dédire une seconde fois.

ARSINOÉ.

Seigneur....
NICOMÈDE.
   Parlez, madame, et dites quelle cause
A leur juste supplice obstinément s'oppose ;
Ou laissez-nous penser qu'aux portes du trépas
Ils auroient des remords qui ne vous plairoient pas.
ARSINOÉ.
Vous voyez à quel point sa haine m'est cruelle ;
Quand je le justifie, il me fait criminelle.
Mais sans doute, seigneur, ma présence l'aigrit,
Et mon éloignement remettra son esprit ;
Il rendra quelque calme à son cœur magnanime,
Et lui pourra sans doute épargner plus d'un crime.

 Je ne demande point que par compassion 16
Vous assuriez un sceptre à ma protection,
Ni que, pour garantir la personne d'Attale,
Vous partagiez entre eux la puissance royale :

6.

Si vos amis de Rome en ont pris quelque soin,
C'étoit sans mon aveu, je n'en ai pas besoin.
Je n'aime point si mal que de ne vous pas suivre, ¹⁷
Sitôt qu'entre mes bras vous cesserez de vivre ;
Et sur votre tombeau mes premières douleurs
Verseront tout ensemble et mon sang et mes pleurs.

PRUSIAS.

Ah madame !

ARSINOÉ.

Oui, seigneur, cette heure infortunée ¹⁸
Par mes derniers soupirs clorra ma destinée ;
Et, puisqu'ainsi jamais il ne sera mon roi,
Qu'ai-je à craindre de lui ? que peut-il contre moi ?
Tout ce que je demande en faveur de ce gage,
De ce fils qui déjà lui donne tant d'ombrage,
C'est que chez les Romains il retourne achever
Des jours que dans leur sein vous fîtes élever ;
Qu'il retourne y traîner, sans péril et sans gloire,
De votre amour pour moi l'impuissante mémoire.
Ce grand prince vous sert, et vous servira mieux
Quand il n'aura plus rien qui lui blesse les yeux.
Et n'appréhendez point Rome, ni sa vengeance ;
Contre tout son pouvoir il a trop de vaillance :
Il sait tous les secrets du fameux Annibal, ¹⁹
De ce héros à Rome en tous lieux si fatal,
Que l'Asie et l'Afrique admirent l'avantage
Qu'en tire Antiochus, et qu'en reçut Carthage.
Je me retire donc afin qu'en liberté
Les tendresses du sang pressent votre bonté ;
Et je ne veux plus voir ni qu'en votre présence
Un prince que j'estime indignement m'offense.

Ni que je sois forcée à vous mettre en courroux
Contre un fils si vaillant et si digne de vous.

SCÈNE III.

PRUSIAS, NICOMÈDE, ARASPE.

PRUSIAS.

Nicomède, en deux mots, ce désordre me fâche. [1]
Quoi qu'on t'ose imputer, je ne te crois point lâche :
Mais donnons quelque chose à Rome qui se plaint,
Et tâchons d'assurer la reine qui te craint. [2]
J'ai tendresse pour toi, j'ai passion pour elle ; [3]
Et je ne veux pas voir cette haine éternelle,
Ni que des sentiments que j'aime à voir durer
Ne règnent dans mon cœur que pour le déchirer.
J'y veux mettre d'accord l'amour et la nature,
Être père et mari dans cette conjoncture....

NICOMÈDE.

Seigneur, voulez-vous bien vous en fier à moi ?
Ne soyez l'un ni l'autre.

PRUSIAS.
    Et que dois-je être ?

NICOMÈDE.
         Roi. [4]

Reprenez hautement ce noble caractère.
Un véritable roi n'est ni mari ni père ;
Il regarde son trône, et rien de plus. Régnez ;
Rome vous craindra plus que vous ne la craignez.
Malgré cette puissance et si vaste et si grande,
Vous pouvez déjà voir comme elle m'appréhende,

Combien en me perdant elle espère gagner,
Parcequ'elle prévoit que je saurai régner.

PRUSIAS.

Je règne donc, ingrat ! puisque tu me l'ordonnes.
Choisis, ou Laodice, ou mes quatre couronnes :
Ton roi fait ce partage entre ton frère et toi ;
Je ne suis plus ton père, obéis à ton roi.

NICOMÈDE.

Si vous étiez aussi le roi de Laodice
Pour l'offrir à mon choix avec quelque justice,
Je vous demanderois le loisir d'y penser :
Mais enfin, pour vous plaire et ne pas l'offenser,
J'obéirai, seigneur, sans répliques frivoles,
A vos intentions, et non à vos paroles.
 A ce frère si cher transportez tous mes droits,
Et laissez Laodice en liberté du choix.
Voilà quel est le mien.

PRUSIAS.

  Quelle bassesse d'ame !
Quelle fureur t'aveugle en faveur d'une femme ! 5
Tu la préfères, lâche ! à ces prix glorieux
Que ta valeur unit au bien de tes aïeux !
Après cette infamie es-tu digne de vivre ?

NICOMÈDE.

Je crois que votre exemple est glorieux à suivre :
Ne préférez-vous pas une femme à ce fils
Par qui tous ces états aux vôtres sont unis ?

PRUSIAS.

Me vois-tu renoncer pour elle au diadème ?

NICOMÈDE.

Me voyez-vous pour l'autre y renoncer moi-même ?

Que cédé-je à mon frère en cédant vos états ?
Ai-je droit d'y prétendre avant votre trépas ?
Pardonnez-moi ce mot, il est fâcheux à dire :
Mais un monarque enfin comme un autre homme expire;
Et vos peuples alors, ayant besoin d'un roi,
Voudront choisir peut-être entre ce prince et moi.
 Seigneur, nous n'avons pas si grande ressemblance,
Qu'il faille de bons yeux pour y voir différence ;
Et ce vieux droit d'aînesse est souvent si puissant,
Que pour remplir un trône il rappelle un absent.
Que si leurs sentiments se règlent sur les vôtres,
Sous le joug de vos lois j'en ai bien rangé d'autres;
Et, dussent vos Romains en être encor jaloux,
Je ferai bien pour moi ce que j'ai fait pour vous.

PRUSIAS.

J'y donnerai bon ordre.

NICOMÈDE.

 Oui, si leur artifice
De votre sang par vous se fait un sacrifice :
Autrement vos états à ce prince livrés
Ne seront en ses mains qu'autant que vous vivrez.
Ce n'est point en secret que je vous le déclare ;
Je le dis à lui-même, afin qu'il s'y prépare :
Le voilà qui m'entend.

PRUSIAS.

 Va, sans verser mon sang,
Je saurai bien, ingrat! l'assurer en ce rang;
Et demain....

SCÈNE IV.

PRUSIAS, NICOMÈDE, ATTALE, FLAMINIUS, ARASPE, GARDES.

FLAMINIUS.

Si pour moi vous êtes en colère,
Seigneur, je n'ai reçu qu'une offense légère :
Le sénat en effet pourra s'en indigner ; [1]
Mais j'ai quelques amis qui sauront le gagner.

PRUSIAS.

Je lui ferai raison ; et dès demain Attale
Recevra de ma main la puissance royale :
Je le fais roi de Pont, et mon seul héritier.
Et quant à ce rebelle, à ce courage fier,
Rome entre vous et lui jugera de l'outrage :
Je veux qu'au lieu d'Attale il lui serve d'otage ; [2]
Et pour mieux l'y conduire il vous sera donné,
Sitôt qu'il aura vu son frère couronné.

NICOMÈDE.

Vous m'enverrez à Rome !

PRUSIAS.

On t'y fera justice.
Va, va lui demander ta chère Laodice. [3]

NICOMÈDE.

J'irai, j'irai, seigneur, vous le voulez ainsi ;
Et j'y serai plus roi que vous n'êtes ici.

FLAMINIUS.

Rome sait vos hauts faits, et déjà vous adore. [4]

NICOMÈDE.

Tout beau, Flaminius ; je n'y suis pas encore :

ACTE IV, SCÈNE IV.

La route en est mal sûre, à tout considérer ;
Et qui m'y conduira pourroit bien s'égarer.

PRUSIAS.

Qu'on le remène, Araspe ; et redoublez sa garde.
(à Attale.)
Toi, rends graces à Rome ; et sans cesse regarde
Que, comme son pouvoir est la source du tien,
En perdant son appui tu ne seras plus rien.
Vous, seigneur, excusez si, me trouvant en peine
De quelques déplaisirs que m'a fait voir la reine,
Je vais l'en consoler, et vous laisse avec lui.
Attale, encore un coup, rends grace à ton appui.

SCÈNE V.

FLAMINIUS, ATTALE.

ATTALE.

Seigneur, que vous dirai-je après des avantages
Qui sont même trop grands pour les plus grands courages ?
Vous n'avez point de borne, et votre affection
Passe votre promesse et mon ambition.
Je l'avoûrai pourtant, le trône de mon père
Ne fait pas le bonheur que plus je considère :
Ce qui touche mon cœur, ce qui charme mes sens,
C'est Laodice acquise à mes vœux innocents.
La qualité de roi qui me rend digne d'elle....

FLAMINIUS.

Ne rendra pas son cœur à vos vœux moins rebelle.

ATTALE.

Seigneur, l'occasion fait un cœur différent :
D'ailleurs, c'est l'ordre exprès de son père mourant ;

Et par son propre aveu la reine d'Arménie
Est due à l'héritier du roi de Bithynie.

FLAMINIUS.

Ce n'est pas loi pour elle ; et, reine comme elle est,
Cet ordre, à bien parler, n'est que ce qu'il lui plaît.
Aimeroit-elle en vous l'éclat d'un diadème
Qu'on vous donne aux dépens d'un grand prince qu'elle aime,
En vous qui la privez d'un si cher protecteur,
En vous qui de sa chute êtes l'unique auteur ?

ATTALE.

Ce prince hors d'ici, seigneur, que fera-t-elle ?
Qui contre Rome et nous soutiendra sa querelle ?
Car j'ose me promettre encor votre secours.

FLAMINIUS.

Les choses quelquefois prennent un autre cours :
Pour ne vous point flatter, je n'en veux pas répondre.

ATTALE.

Ce seroit bien, seigneur, de tout point me confondre ;
Et je serois moins roi, qu'un objet de pitié,
Si le bandeau royal m'ôtoit votre amitié.
Mais je m'alarme trop, et Rome est plus égale.
N'en avez-vous pas l'ordre ?

FLAMINIUS.

                Oui, pour le prince Attale,
Pour un homme en son sein nourri dès le berceau ;
Mais pour le roi de Pont, il faut ordre nouveau.

ATTALE.

Il faut ordre nouveau ! Quoi ! se pourroit-il faire
Qu'à l'œuvre de ses mains Rome devînt contraire,

ACTE IV, SCÈNE V.

Que ma grandeur naissante y fît quelques jaloux?

FLAMINIUS.

Que présumez-vous, prince? et que me dites-vous?

ATTALE.

Vous-même, dites-moi comme il faut que j'explique
Cette inégalité de votre république.

FLAMINIUS.

Je vais vous l'expliquer, et veux bien vous guérir
D'une erreur dangereuse où vous semblez courir.
   Rome qui vous servoit auprès de Laodice
Pour vous donner son trône eût fait une injustice;
Son amitié pour vous lui faisoit cette loi:
Mais par d'autres moyens elle vous a fait roi;
Et le soin de sa gloire à présent la dispense
De se porter pour vous à cette violence.
Laissez donc cette reine en pleine liberté,
Et tournez vos désirs de quelque autre côté.
Rome de votre hymen prendra soin elle-même.

ATTALE.

Mais s'il arrive enfin que Laodice m'aime?

FLAMINIUS.

Ce seroit mettre encor Rome dans le hasard [2]
Que l'on crût artifice ou force de sa part;
Cet hymen jetteroit une ombre sur sa gloire.
Prince, n'y pensez plus, si vous m'en pouvez croire;
Ou, si de mes conseils vous faites peu d'état,
N'y pensez plus du moins sans l'aveu du sénat.

ATTALE.

A voir quelle froideur à tant d'amour succède,
Rome ne m'aime pas; elle hait Nicomède: [3]

Et lorsqu'à mes désirs elle a feint d'applaudir,
Elle a voulu le perdre, et non pas m'agrandir.

FLAMINIUS.

Pour ne vous faire pas de réponse trop rude
Sur ce beau coup d'essai de votre ingratitude,
Suivez votre caprice, offensez vos amis ;
Vous êtes souverain, et tout vous est permis :
Mais puisqu'enfin ce jour vous doit faire connoître
Que Rome vous a fait ce que vous allez être,
Que perdant son appui vous ne serez plus rien,
Que le roi vous l'a dit, souvenez-vous-en bien.

SCÈNE VI.

ATTALE.

Attale, étoit-ce ainsi que régnoient tes ancêtres ?
Veux-tu le nom de roi pour avoir tant de maîtres ?
Ah ! ce titre à ce prix déjà m'est importun :
S'il nous en faut avoir, du moins n'en ayons qu'un.
Le ciel nous l'a donné trop grand, trop magnanime,
Pour souffrir qu'aux Romains il serve de victime.
Montrons-leur hautement que nous avons des yeux,
Et d'un si rude joug affranchissons ces lieux.
Puisqu'à leurs intérêts tout ce qu'ils font s'applique,
Que leur vaine amitié cède à leur politique,
Soyons à notre tour de leur grandeur jaloux,
Et comme ils font pour eux faisons aussi pour nous.

FIN DU QUATRIÈME ACTE.

ACTE CINQUIÈME.

SCÈNE I.

ARSINOÉ, ATTALE.

ARSINOÉ.

J'AI prévu ce tumulte, et n'en vois rien à craindre ; [1]
Comme un moment l'allume, un moment peut l'éteindre;
Et si l'obscurité laisse croître ce bruit,
Le jour dissipera les vapeurs de la nuit.
Je me fâche bien moins qu'un peuple se mutine
Que de voir que ton cœur dans son amour s'obstine,
Et, d'une indigne ardeur lâchement embrasé,
Ne rend point de mépris à qui t'a méprisé.
Venge-toi d'une ingrate, et quitte une cruelle,
A présent que le sort t'a mis au-dessus d'elle :
Son trône, et non ses yeux, avoit dû te charmer.
Tu vas régner sans elle ; à quel propos l'aimer ?
Porte, porte ce cœur à de plus douces chaînes.
Puisque te voilà roi, l'Asie a d'autres reines, [2]
Qui, loin de te donner des rigueurs à souffrir,
T'épargneront bientôt la peine de t'offrir.

ATTALE.

Mais, madame....

ARSINOÉ.

Eh bien, soit, je veux qu'elle se rende :
Prévois-tu les malheurs qu'ensuite j'appréhende ?

Sitôt que d'Arménie elle t'aura fait roi,
Elle t'engagera dans sa haine pour moi.
Mais, ô dieux! pourra-t-elle y borner sa vengeance?
Pourras-tu dans son lit dormir en assurance? [3]
Et refusera-t-elle à son ressentiment
Le fer ou le poison pour venger son amant?
Qu'est-ce qu'en sa fureur une femme n'essaie?

ATTALE.

Que de fausses raisons pour me cacher la vraie! [4]
Rome, qui n'aime pas à voir un puissant roi,
L'a craint en Nicomède, et le craindroit en moi.
Je ne dois plus prétendre à l'hymen d'une reine,
Si je ne veux déplaire à notre souveraine;
Et puisque la fâcher ce seroit me trahir,
Afin qu'elle me souffre, il vaut mieux obéir.
Je sais par quels moyens sa sagesse profonde
S'achemine à grands pas à l'empire du monde:
Aussitôt qu'un état devient un peu trop grand,
Sa chute doit guérir l'ombrage qu'elle en prend. [5]
C'est blesser les Romains que faire une conquête, [6]
Que mettre trop de bras sous une seule tête;
Et leur guerre est trop juste après cet attentat [7]
Que fait sur leur grandeur un tel crime d'état.
Eux qui pour gouverner sont les premiers des hommes
Veulent que sous leur ordre on soit ce que nous sommes,
Veulent sur tous les rois un si haut ascendant
Que leur empire seul demeure indépendant.
 Je les connois, madame; et j'ai vu cet ombrage [8]
Détruire Antiochus, et renverser Carthage.
De peur de choir comme eux, je veux bien m'abaisser,
Et cède à des raisons que je ne puis forcer : [9]

D'autant plus justement mon impuissance y cède,
Que je vois qu'en leurs mains on livre Nicomède.
Un si grand ennemi leur répond de ma foi :
C'est un lion tout prêt à déchaîner sur moi.

ARSINOÉ.

C'est de quoi je voulois vous faire confidence.
Mais vous me ravissez d'avoir cette prudence.
Le temps pourra changer : cependant prenez soin
D'assurer des jaloux dont vous avez besoin.

SCÈNE II.[1]

FLAMINIUS, ARSINOÉ, ATTALE.

ARSINOÉ.

Seigneur, c'est remporter une haute victoire
Que de rendre un amant capable de me croire :
J'ai su le ramener aux termes du devoir,
Et sur lui la raison a repris son pouvoir.

FLAMINIUS.

Madame, voyez donc si vous serez capable
De rendre également ce peuple raisonnable.
Le mal croît, il est temps d'agir de votre part ;
Ou, quand vous le voudrez, vous le voudrez trop tard.
Ne vous figurez plus que ce soit le confondre [2]
Que de le laisser faire, et ne lui point répondre.
Rome autrefois a vu de ces émotions,
Sans embrasser jamais vos résolutions.
Quand il falloit calmer toute une populace,
Le sénat n'épargnoit promesse ni menace,
Et rappeloit par-là son escadron mutin
Et du mont Quirinal et du mont Aventin,

Dont il l'auroit vu faire une horrible descente,
S'il eût traité long-temps sa fureur d'impuissante,
Et l'eût abandonnée à sa confusion,
Comme vous semblez faire en cette occasion.

ARSINOÉ.

Après ce grand exemple en vain on délibère :
Ce qu'a fait le sénat montre ce qu'il faut faire ;
Et le roi.... Mais il vient.

SCÈNE III.

PRUSIAS, ARSINOÉ, FLAMINIUS, ATTALE.

PRUSIAS.

Je ne puis plus douter,
Seigneur, d'où vient le mal que je vois éclater :
Ces mutins ont pour chefs les gens de Laodice.[1]

FLAMINIUS.

J'en avois soupçonné déjà son artifice.

ATTALE.

Ainsi votre tendresse et vos soins sont payés ![2]

FLAMINIUS.

Seigneur, il faut agir ; et, si vous m'en croyez...

SCÈNE IV.[1]

PRUSIAS, ARSINOÉ, FLAMINIUS, ATTALE, CLÉONE.

CLÉONE.

Tout est perdu, madame, à moins d'un prompt remède :
Tout le peuple à grands cris demande Nicomède ;

ACTE V, SCÈNE IV.

Il commence lui-même à se faire raison,
Et vient de déchirer Métrobate et Zénon.

ARSINOÉ.

Il n'est donc plus à craindre, il a pris ses victimes :
Sa fureur sur leur sang va consommer ses crimes ;
Elle s'applaudira de cet illustre effet,
Et croira Nicomède amplement satisfait.

FLAMINIUS.

Si ce désordre étoit sans chefs et sans conduite,
Je voudrois, comme vous, en craindre moins la suite ;
Le peuple par leur mort pourroit s'être adouci :
Mais un dessein formé ne tombe pas ainsi ; [2]
Il suit toujours son but jusqu'à ce qu'il l'emporte ; [3]
Le premier sang versé rend sa fureur plus forte ;
Il l'amorce, il l'acharne, il en éteint l'horreur,
Et ne lui laisse plus ni pitié ni terreur.

SCÈNE V.

PRUSIAS, FLAMINIUS, ARSINOÉ, ATTALE, CLÉONE, ARASPE.

ARASPE.

Seigneur, de tous côtés le peuple vient en foule ;
De moment en moment votre garde s'écoule ;
Et, suivant les discours qu'ici même j'entends,
Le prince entre mes mains ne sera pas long-temps ;
Je n'en puis plus répondre.

PRUSIAS.

Allons, allons le rendre,
Ce précieux objet d'une amitié si tendre :

Obéissons, madame, à ce peuple sans foi,
Qui, las de m'obéir, en veut faire son roi;
Et du haut d'un balcon, pour calmer la tempête,
Sur ses nouveaux sujets faisons voler sa tête.

ATTALE.

Ah seigneur !

PRUSIAS.

C'est ainsi qu'il lui sera rendu :
A qui le cherche ainsi, c'est ainsi qu'il est dû.

ATTALE.

Ah ! seigneur, c'est tout perdre, et livrer à sa rage [1]
Tout ce qui de plus près touche votre courage;
Et j'ose dire ici que votre majesté
Aura peine elle-même à trouver sûreté.

PRUSIAS.

Il faut donc se résoudre à tout ce qu'il m'ordonne,
Lui rendre Nicomède avecque ma couronne :
Je n'ai point d'autre choix; et, s'il est le plus fort,
Je dois à son idole, ou mon sceptre, ou la mort.

FLAMINIUS.

Seigneur, quand ce dessein auroit quelque justice,
Est-ce à vous d'ordonner que ce prince périsse?
Quel pouvoir sur ses jours vous demeure permis?
C'est l'otage de Rome, et non plus votre fils : [2]
Je dois m'en souvenir quand son père l'oublie.
C'est attenter sur nous qu'ordonner de sa vie;
J'en dois compte au sénat, et n'y puis consentir.
Ma galère est au port, toute prête à partir;
Le palais y répond par la porte secrète :
Si vous le voulez perdre, agréez ma retraite;

Souffrez que mon départ fasse connoître à tous
Que Rome a des conseils plus justes et plus doux;
Et ne l'exposez pas à ce honteux outrage
De voir à ses yeux même immoler son otage.

ARSINOÉ.

Me croirez-vous, seigneur? et puis-je m'expliquer?

PRUSIAS.

Ah! rien de votre part ne sauroit me choquer : [3]
Parlez.

ARSINOÉ.

Le ciel m'inspire un dessein dont j'espère
Et satisfaire Rome et ne vous pas déplaire.
S'il est prêt à partir, il peut en ce moment
Enlever avec lui son otage aisément :
Cette porte secrète ici nous favorise.
Mais, pour faciliter d'autant mieux l'entreprise,
Montrez-vous à ce peuple, et, flattant son courroux,
Amusez-le du moins à débattre avec vous; [4]
Faites-lui perdre temps, tandis qu'en assurance
La galère s'éloigne avec son espérance.
S'il force le palais, et ne l'y trouve plus,
Vous ferez comme lui le surpris, le confus; [5]
Vous accuserez Rome, et promettrez vengeance
Sur quiconque sera de son intelligence.
Vous enverrez après, sitôt qu'il sera jour,
Et vous lui donnerez l'espoir d'un prompt retour,
Où mille empêchements que vous ferez vous-même [6]
Pourront de toutes parts aider au stratagème. [7]
Quelque aveugle transport qu'il témoigne aujourd'hui,
Il n'attentera rien tant qu'il craindra pour lui,
Tant qu'il présumera son effort inutile.
Ici la délivrance en paroît trop facile;

Et s'il l'obtient, seigneur, il faut fuir vous et moi :
S'il le voit à sa tête, il en fera son roi ;
Vous le jugez vous-même.

PRUSIAS.

Ah ! j'avoûrai, madame, 8
Que le ciel a versé ce conseil dans votre ame.
Seigneur, se peut-il voir rien de mieux concerté ?

FLAMINIUS.

Il vous assure et vie, et gloire, et liberté ; 9
Et vous avez d'ailleurs Laodice en otage.
Mais qui perd temps ici perd tout son avantage.

PRUSIAS.

Il n'en faut donc plus perdre : allons-y de ce pas.

ARSINOÉ.

Ne prenez avec vous qu'Araspe et trois soldats :
Peut-être un plus grand nombre auroit quelque infidèle.
J'irai chez Laodice, et m'assurerai d'elle.

SCÈNE VI.

ARSINOÉ, ATTALE, CLÉONE.

ARSINOÉ.

Attale, où courez-vous ?

ATTALE.

Je vais de mon côté 1
De ce peuple mutin amuser la fierté,
A votre stratagème en ajouter quelque autre.

ARSINOÉ.

Songez que ce n'est qu'un que mon sort et le vôtre,

Que vos seuls intérêts me mettent en danger.
ATTALE.
Je vais périr, madame, ou vous en dégager.
ARSINOÉ.
Allez donc. J'aperçois la reine d'Arménie.

SCÈNE VII.[1]

ARSINOÉ, LAODICE, CLÉONE.

ARSINOÉ.
La cause de nos maux doit-elle être impunie ?
LAODICE.
Non, madame; et, pour peu qu'elle ait d'ambition,
Je vous réponds déjà de sa punition.
ARSINOÉ.
Vous qui savez son crime, ordonnez de sa peine.
LAODICE.
Un peu d'abaissement suffit pour une reine :
C'est déjà trop de voir son dessein avorté.
ARSINOÉ.
Dites, pour châtiment de sa témérité,
Qu'il lui faudroit du front tirer le diadème. [2]
LAODICE.
Parmi les généreux il n'en va pas de même ;
Ils savent oublier, quand ils ont le dessus,
Et ne veulent que voir leurs ennemis confus.
ARSINOÉ.
Ainsi qui peut vous croire aisément se contente.
LAODICE.
Le ciel ne m'a pas fait l'ame plus violente. [3]

ARSINOÉ.

Soulever des sujets contre leur souverain,
Leur mettre à tous le fer et la flamme en la main,
Jusque dans le palais pousser leur insolence,
Vous appelez cela fort peu de violence?

LAODICE.

Nous nous entendons mal, madame; et, je le voi,
Ce que je dis pour vous, vous l'expliquez pour moi.
Je suis hors de souci pour ce qui me regarde;
Et je viens vous chercher pour vous prendre en ma garde,
Pour ne hasarder pas en vous la majesté
Au manque de respect d'un grand peuple irrité.
Faites venir le roi, rappelez votre Attale,
Que je conserve en eux la dignité royale :
Ce peuple en sa fureur peut les connoître mal.

ARSINOÉ.

Peut-on voir un orgueil à votre orgueil égal!
Vous, par qui seule ici tout ce désordre arrive;
Vous, qui dans ce palais vous voyez ma captive;
Vous, qui me répondrez au prix de votre sang
De tout ce qu'un tel crime attente sur mon rang,
Vous me parlez encore avec la même audace
Que si j'avois besoin de vous demander grâce!

LAODICE.

Vous obstiner, madame, à me parler ainsi,
C'est ne vouloir pas voir que je commande ici,
Que, quand il me plaira, vous serez ma victime.
Et ne m'imputez point ce grand désordre à crime :
Votre peuple est coupable, et dans tous vos sujets
Ces cris séditieux sont autant de forfaits;

ACTE V, SCÈNE VII.

Mais pour moi, qui suis reine, et qui, dans nos querelles,
Pour triompher de vous, vous ai fait ces rebelles,
Par le droit de la guerre il fut toujours permis
D'allumer la révolte entre ses ennemis :
M'enlever mon époux, c'est vous faire la mienne.

ARSINOÉ.

Je la suis donc, madame ; et, quoi qu'il en avienne,
Si ce peuple une fois enfonce le palais,
C'est fait de votre vie, et je vous le promets.

LAODICE.

Vous tiendrez mal parole, ou bientôt sur ma tombe
Tout le sang de vos rois servira d'hécatombe.
Mais avez-vous encor parmi votre maison
Quelque autre Métrobate ou quelque autre Zénon ?
N'appréhendez-vous point que tous vos domestiques
Ne soient déjà gagnés par mes sourdes pratiques ?
En savez-vous quelqu'un si prêt à se trahir,
Si las de voir le jour, que de vous obéir ?
Je ne veux point régner sur votre Bithynie :
Ouvrez-moi seulement les chemins d'Arménie ;
Et, pour voir tout d'un coup vos malheurs terminés,
Rendez-moi cet époux qu'en vain vous retenez.

ARSINOÉ.

Sur le chemin de Rome il vous faut l'aller prendre ;
Flaminius l'y mène, et pourra vous le rendre :
Mais hâtez-vous, de grace, et faites bien ramer,
Car déjà sa galère a pris le large en mer.

LAODICE.

Ah ! si je le croyois....

NICOMÈDE.

ARSINOÉ.
N'en doutez point, madame.

LAODICE.
Fuyez donc les fureurs qui saisissent mon ame :
Après le coup fatal de cette indignité,
Je n'ai plus ni respect ni générosité.
Mais plutôt demeurez pour me servir d'otage 7
Jusqu'à ce que ma main de ses fers le dégage.
J'irai jusque dans Rome en briser les liens,
Avec tous vos sujets, avecque tous les miens ;
Aussi-bien Annibal nommoit une folie
De présumer la vaincre ailleurs qu'en Italie.
Je veux qu'elle me voie au cœur de ses états 8
Soutenir ma fureur d'un million de bras ;
Et sous mon désespoir rangeant sa tyrannie....

ARSINOÉ.
Vous voulez donc enfin régner en Bithynie ?
Et, dans cette fureur qui vous trouble aujourd'hui,
Le roi pourra souffrir que vous régniez pour lui ?

LAODICE.
J'y règnerai, madame, et sans lui faire injure.
Puisque le roi veut bien n'être roi qu'en peinture, 9
Que lui doit importer qui donne ici la loi,
Et qui règne pour lui, des Romains ou de moi ?
Mais un second otage entre mes mains se jette.

SCÈNE VIII.

ARSINOÉ, LAODICE, ATTALE, CLÉONE.

ARSINOÉ.
ATTALE, avez-vous su comme ils ont fait retraite ?

ACTE V, SCÈNE VIII.

ATTALE.

Ah madame !

ARSINOÉ.

Parlez.

ATTALE.

Tous les dieux irrités [1]
Dans les derniers malheurs nous ont précipités.
Le prince est échappé.

LAODICE.

Ne craignez plus, madame;
La générosité déjà rentre en mon ame.

ARSINOÉ.

Attale, prenez-vous plaisir à m'alarmer ?

ATTALE.

Ne vous flattez point tant que de le présumer.
Le malheureux Araspe, avec sa foible escorte, [2]
L'avoit déjà conduit à cette fausse porte ;
L'ambassadeur de Rome étoit déjà passé ;
Quand dans le sein d'Araspe un poignard enfoncé
Le jette aux pieds du prince. Il s'écrie; et sa suite,
De peur d'un pareil sort, prend aussitôt la fuite.

ARSINOÉ.

Et qui dans cette porte a pu le poignarder ?

ATTALE.

Dix ou douze soldats qui sembloient la garder ;
Et ce prince....

ARSINOÉ.

Ah mon fils ! qu'il est partout de traîtres !
Qu'il est peu de sujets fidèles à leurs maîtres !

Mais de qui savez-vous un désastre si grand ?

ATTALE.

Des compagnons d'Araspe, et d'Araspe mourant.
Mais écoutez encor ce qui me désespère.
　J'ai couru me ranger auprès du roi mon père ;
Il n'en étoit plus temps : ce monarque étonné [3]
A ses frayeurs déjà s'étoit abandonné,
Avoit pris un esquif pour tâcher de rejoindre
Ce Romain dont l'effroi peut-être n'est pas moindre.

SCÈNE IX.

PRUSIAS, FLAMINIUS, ARSINOÉ, LAODICE, ATTALE, CLÉONE.

PRUSIAS.

Non, non, nous revenons l'un et l'autre en ces lieux [1]
Défendre votre gloire, ou mourir à vos yeux.

ARSINOÉ.

Mourons, mourons, seigneur, et dérobons nos vies [2]
A l'absolu pouvoir des fureurs ennemies ;
N'attendons pas leur ordre, et montrons-nous jaloux
De l'honneur qu'ils auroient à disposer de nous.

LAODICE.

Ce désespoir, madame, offense un si grand homme
Plus que vous n'avez fait en l'envoyant à Rome :
Vous devez le connoître ; et, puisqu'il a ma foi,
Vous devez présumer qu'il est digne de moi.
Je le désavoûrois, s'il n'étoit magnanime, [3]
S'il manquoit à remplir l'effort de mon estime,
S'il ne faisoit paroître un cœur toujours égal.
Mais le voici ; voyez si je le connois mal.

SCÈNE X.

PRUSIAS, NICOMÈDE, ARSINOÉ, LAODICE,
FLAMINIUS, ATTALE, CLÉONE.

NICOMÈDE.

Tout est calme, seigneur; un moment de ma vue
A soudain apaisé la populace émue.

PRUSIAS.

Quoi! me viens-tu braver jusque dans mon palais,
Rebelle?

NICOMÈDE.

   C'est un nom que je n'aurai jamais.
Je ne viens point ici montrer à votre haine
Un captif insolent d'avoir brisé sa chaîne;
Je viens en bon sujet vous rendre le repos,
Que d'autres intérêts troubloient mal-à-propos.
Non que je veuille à Rome imputer quelque crime:
Du grand art de régner elle suit la maxime;
Et son ambassadeur ne fait que son devoir,
Quand il veut entre nous partager le pouvoir.
Mais ne permettez pas qu'elle vous y contraigne;
Rendez-moi votre amour, afin qu'elle vous craigne;
Pardonnez à ce peuple un peu trop de chaleur
Qu'à sa compassion a donné mon malheur;
Pardonnez un forfait qu'il a cru nécessaire,
Et qui ne produira qu'un effet salutaire.
 Faites-lui grace aussi, madame, et permettez
Que jusques au tombeau j'adore vos bontés.

Je sais par quel motif vous m'êtes si contraire :
Votre amour maternel veut voir régner mon frère ;
Et je contribûrai moi-même à ce dessein,
Si vous pouvez souffrir qu'il soit roi de ma main.
Oui, l'Asie à mon bras offre encor des conquêtes,
Et pour l'en couronner mes mains sont toutes prêtes.
Commandez seulement, choisissez en quels lieux ;
Et j'en apporterai la couronne à vos yeux.

ARSINOÉ.

Seigneur, faut-il si loin pousser votre victoire,
Et qu'ayant en vos mains et mes jours et ma gloire,
La haute ambition d'un si puissant vainqueur
Veuille encor triompher jusque dedans mon cœur ?
Contre tant de vertu je ne puis le défendre ;
Il est impatient lui-même de se rendre.
Joignez cette conquête à trois sceptres conquis,
Et je croirai gagner en vous un second fils.

PRUSIAS.

Je me rends donc aussi, madame ; et je veux croire [2]
Qu'avoir un fils si grand est ma plus grande gloire.
Mais, parmi les douceurs qu'enfin nous recevons,
Faites-nous savoir, prince, à qui nous vous devons.

NICOMÈDE.

L'auteur d'un si grand coup m'a caché son visage ;
Mais il m'a demandé mon diamant pour gage, [3]
Et me le doit ici rapporter dès demain.

ATTALE.

Le voulez-vous, seigneur, reprendre de ma main ?

NICOMÈDE.

Ah ! laissez-moi toujours à cette digne marque
Reconnoître en mon sang un vrai sang de monarque.

ACTE V, SCÈNE X.

Ce n'est plus des Romains l'esclave ambitieux,
C'est le libérateur d'un sang si précieux.
Mon frère, avec mes fers vous en brisez bien d'autres,
Ceux du roi, de la reine, et les siens et les vôtres.
Mais pourquoi vous cacher en sauvant tout l'état?

ATTALE.

Pour voir votre vertu dans son plus haut éclat;
Pour la voir seule agir contre notre injustice,
Sans la préoccuper par ce foible service,
Et me venger enfin ou sur vous ou sur moi,
Si j'eusse mal jugé de tout ce que je voi.
Mais, madame....

ARSINOÉ.

Il suffit, voilà le stratagème
Que vous m'aviez promis pour moi contre moi-même.

(à Nicomède.)

Et j'ai l'esprit, seigneur, d'autant plus satisfait,
Que mon sang rompt le cours du mal que j'avois fait.

NICOMÈDE, à Flaminius.

Seigneur, à découvert, toute ame généreuse
D'avoir votre amitié doit se tenir heureuse;
Mais nous n'en voulons plus avec ces dures lois
Qu'elle jette toujours sur la tête des rois :
Nous vous la demandons hors de la servitude;
Ou le nom d'ennemi nous semblera moins rude.

FLAMINIUS, à Nicomède.

C'est de quoi le sénat pourra délibérer :
Mais cependant pour lui j'ose vous assurer,
Prince, qu'à ce défaut vous aurez son estime,
Telle que doit l'attendre un cœur si magnanime;

Et qu'il croira se faire un illustre ennemi,
S'il ne vous reçoit pas pour généreux ami.

PRUSIAS.

Nous autres, réunis sous de meilleurs auspices,
Préparons à demain de justes sacrifices ;
Et demandons aux dieux, nos dignes souverains,
Pour comble de bonheur l'amitié des Romains.

FIN DE NICOMÈDE.

SERTORIUS,

TRAGÉDIE.

1662.

PRÉFACE DE VOLTAIRE.

APRÈS tant de tragédies peu dignes de Corneille, en voici une où vous retrouvez souvent l'auteur de Cinna; elle mérite plus d'attention et de remarques que les autres. L'entrevue de Pompée et de Sertorius eut le succès qu'elle méritait, et ce succès réveilla tous ses ennemis. Le plus implacable était alors l'abbé d'Aubignac, homme célèbre en son temps, et que sa PRATIQUE DU THÉÂTRE, toute médiocre qu'elle est, faisait regarder comme un législateur en littérature. Cet abbé, qui avait été long-temps prédicateur, s'était acquis beaucoup de crédit dans les plus grandes maisons de Paris. Il était bien douloureux sans doute à l'auteur de Cinna de voir un prédicateur et un homme de lettres considérable écrire à madame la duchesse de Retz, à l'abri d'un privilège du roi, des choses qui auraient flétri un homme moins connu et moins estimé que Corneille.

« Vous êtes poëte, et poëte de théâtre, dit-il à

ce grand homme dans sa quatrième dissertation adressée à madame de Retz ; vous êtes abandonné à une vile dépendance des histrions : votre commerce ordinaire n'est qu'avec leurs portiers ; vos amis ne sont que des libraires du palais. Il faudrait avoir perdu le sens, aussi-bien que vous, pour être en mauvaise humeur du gain que vous pouvez tirer de vos veilles et de vos empressements auprès des histrions et des libraires. Il vous arrive assez souvent, lorsqu'on vous loue, que vous n'êtes plus affamé de gloire, mais d'argent..... Défaites-vous, M. de Corneille, de ces mauvaises façons de parler, qui sont encore plus mauvaises que vos vers..... J'avois cru, comme plusieurs, que vous étiez le poëte de la critique de l'École des femmes, et que Licidas étoit un nom déguisé comme celui de M. de Corneille ; car vous êtes sans doute le marquis de Mascarille, qui piaille toujours, qui ricane toujours, qui parle toujours et ne dit jamais rien qui vaille, etc. »

Ces horribles platitudes trouvaient alors des protecteurs, parceque Corneille était vivant. Jamais les Zoïle, les Gacon, les Fréron, n'ont vomi de plus grandes indignités. Il attaqua Corneille sur sa famille, sur sa personne ; il examina jusqu'à sa voix, sa démarche, toutes ses actions, toute sa conduite dans son domestique : et dans ces torrents d'injures il fut secondé par les mauvais auteurs ; ce que l'on croira sans peine.

J'épargne à la délicatesse des honnêtes gens, et à des yeux accoutumés à ne lire que ce qui peut instruire et plaire, toutes ces personnalités, toutes ces calomnies que répandirent contre ce grand homme ces faiseurs de brochures et de feuilles qui déshonorent la nation, et que l'appât du plus léger et du plus vil gain engage encore plus que l'envie à décrier tout ce qui peut faire honneur à leur pays, à insulter le mérite et la vertu, à vomir imposture sur imposture, dans le vain espoir que quelqu'un de leurs mensonges pourra venir enfin aux oreilles des hommes en place, et servir à perdre ceux qu'ils ne peuvent rabaisser. On alla jusqu'à lui imputer des vers qu'il n'avait point faits : ressource ordinaire de la basse envie, mais ressource inutile ; car, ceux qui ont assez de lâcheté pour faire courir un ouvrage sous le nom d'un grand homme n'ayant jamais assez de génie pour l'imiter, l'imposture est bientôt reconnue.

Mais enfin rien ne put obscurcir la gloire de Corneille, la seule chose presque qui lui restât. Le public de tous les temps et de toutes les nations, toujours juste à la longue, ne juge les grands hommes que par leurs bons ouvrages, et non par ce qu'ils ont fait de médiocre ou de mauvais.

Les belles scènes du Cid, les admirables morceaux des Horaces, les beautés nobles et sages de Cinna, le sublime de Cornélie, les rôles de Sévère et de Pauline, le cinquième acte de Rodogune, la conférence de Sertorius et de Pompée; tant de beaux morceaux, tous produits dans un temps où l'on sortait à peine de la barbarie, assureront à Corneille une place parmi les plus grands hommes jusqu'à la dernière postérité.

Ainsi l'excellent Racine a triomphé des injustes dégoûts de madame de Sévigné, des farces de Subligni, des méprisables critiques de Visé, des cabales des Boyer et des Pradon; ainsi Molière se soutiendra toujours; et sera le père de la vraie comédie, quoique ses pièces ne soient pas suivies comme autrefois par la foule; ainsi les charmants opéras de Quinault feront toujours les délices de quiconque est sensible à la douce harmonie de la poésie, au naturel et à la vérité de l'expression, aux graces faciles du style, quoique ces mêmes opéras aient toujours été en butte aux satires de Boileau, son ennemi personnel, et quoiqu'on les représente moins souvent qu'autrefois.

Il est des chefs-d'œuvre de Corneille qu'on joue rarement : il y en a, je crois, deux raisons. La première, c'est que notre nation n'est plus ce qu'elle était du temps des Horaces et de Cinna :

les premiers de l'état alors, soit dans l'épée, soit dans la robe, soit dans l'église, se faisaient un honneur, ainsi que le sénat de Rome, d'assister à un spectacle où l'on trouvait une instruction et un plaisir si noble.

Quels furent les premiers auditeurs de Corneille? un Condé, un Turenne, un cardinal de Retz, un duc de la Rochefoucauld, un Molé, un Lamoignon, des évêques gens de lettres, pour lesquels il y avait toujours un banc particulier à la cour, aussi-bien que pour messieurs de l'académie : le prédicateur venait y apprendre l'éloquence et l'art de prononcer ; ce fut l'école de Bossuet : l'homme destiné aux premiers emplois de la robe venait s'instruire à parler dignement. Aujourd'hui, qui fréquente nos spectacles ? un certain nombre de jeunes gens et de jeunes femmes.

La seconde raison est qu'on a rarement des acteurs dignes de représenter Cinna et les Horaces. On n'encourage peut-être pas assez cette profession, qui demande de l'esprit, de l'éducation, une connaissance assez grande de la langue, et tous les talents extérieurs de l'art oratoire. Mais quand il se trouve des artistes qui réunissent tous ces mérites, c'est alors que Corneille paraît dans toute sa grandeur.

Mon admiration pour ce rare génie ne m'empêchera point de suivre ici le devoir que je me suis prescrit, de marquer avec autant de franchise que d'impartialité ce qui me paraît défectueux, aussi-bien que ce qui me semble sublime. Autant les injures des d'Aubignac et de ceux qui leur ressemblent sont méprisables, autant on doit aimer un examen réfléchi, dans lequel on respecte toujours la vérité que l'on cherche, le goût des connaisseurs qu'on a consultés, et l'auteur illustre que l'on commente. La critique s'exerce sur l'ouvrage, et non sur la personne : elle ne doit ménager aucun défaut, si elle veut être utile.

PRÉFACE

DE

CORNEILLE.

AU LECTEUR.

Ne cherchez point dans cette tragédie les agréments qui sont en possession de faire réussir au théâtre les poëmes de cette nature : vous n'y trouverez ni tendresses d'amour, ni emportements de passions, ni descriptions pompeuses, ni narrations pathétiques. Je puis dire toutefois qu'elle n'a point déplu, et que la dignité des noms illustres, la grandeur de leurs intérêts, et la nouveauté de quelques caractères, ont suppléé au manque de ces graces. Le sujet est simple, et du nombre de ces évènements connus où il ne nous est pas permis de rien changer qu'autant que la nécessité indispensable de les réduire dans la règle nous force d'en resserrer les temps et les lieux. Comme il ne m'a fourni aucunes femmes, j'ai été obligé de recourir à l'invention pour en introduire deux, assez compatibles l'une et l'autre avec les vérités historiques auxquelles je me suis attaché. L'une a vécu de ce temps-là; c'est la première femme de Pompée, qu'il répudia pour entrer dans l'alliance de Sylla par le mariage d'Émilie, fille de sa femme. Ce divorce est constant par le rapport de tous ceux qui ont écrit la vie de Pompée; mais aucun d'eux ne nous apprend ce que devient cette malheureuse, qu'ils appellent tous Antistie, à la réserve d'un Espagnol, évêque de Gironne, qui lui donne le nom d'Aristie, que j'ai préféré, comme plus doux à l'oreille. Leur silence m'ayant laissé liberté entière de lui faire un refuge, j'ai cru ne lui en pouvoir choisir un avec plus de vraisemblance que chez les ennemis de ceux qui l'avoient outragée : cette retraite en a d'autant plus, qu'elle produit un effet véritable par les lettres des principaux de Rome que je lui fais porter à Sertorius, et que Perpenna remit entre les mains de Pompée, qui en usa comme je le marque. L'autre femme est une pure idée de mon esprit, mais qui ne laisse pas d'avoir aussi quelque fondement dans l'histoire. Elle nous apprend que les Lusitaniens appelèrent Sertorius d'Afrique pour être leur chef contre le parti de Sylla; mais elle ne nous dit point s'ils étoient en république, ou sous une monarchie. Il n'y a donc rien qui répugne à leur donner une

reine ; et je ne la pouvois faire sortir d'un sang
plus considérable que de celui de Viriatus, dont
je lui fais porter le nom, le plus grand homme que
l'Espagne ait opposé aux Romains, et le dernier
qui leur ait fait tête dans ces provinces avant
Sertorius. Il n'étoit pas roi en effet, mais il en avoit
toute l'autorité ; et les préteurs et consuls que Rome
envoya pour le combattre, et qu'il défit souvent,
l'estimèrent assez pour faire des traités de paix avec
lui comme avec un souverain et juste ennemi. Sa
mort arriva soixante et huit ans avant celle que je
traite ; de sorte qu'il auroit pu être aïeul ou bisaïeul
de cette reine que je fais parler ici.

Il fut défait par le consul Q. Servilius, et non
par Brutus, comme je l'ai fait dire à cette princesse
sur la foi de cet évêque espagnol que je viens de
citer, et qui m'a jeté dans l'erreur après lui. Elle
est aisée à corriger par le changement d'un mot
dans ce vers unique qui en parle, et qu'il faut
rétablir ainsi :

Et de Servilius l'astre prédominant.

Je sais bien que Sylla, dont je parle tant dans ce
poëme, étoit mort six ans avant Sertorius ; mais, à
le prendre à la rigueur, il est permis de presser les
temps pour faire l'unité du jour ; et, pourvu qu'il
n'y ait pas d'impossibilité formelle, je puis faire

arriver en six jours, voire en six heures, ce qui s'est passé en six ans. Cela posé, rien n'empêche que Sylla ne meure avant Sertorius, sans rien détruire de ce que je dis ici, puisqu'il a pu mourir depuis qu'Arcas est parti de Rome pour apporter la nouvelle de la démission de sa dictature ; ce qu'il fait en même temps que Sertorius est assassiné. Je dis de plus que, bien que nous devions être assez scrupuleux observateurs de l'ordre des temps, néanmoins, pourvu que ceux que nous faisons parler se soient connus, et aient eu ensemble quelques intérêts à démêler, nous ne sommes pas obligés à nous attacher si précisément à la durée de leur vie. Sylla étoit mort quand Sertorius fut tué, mais il pouvoit vivre encore sans miracle : et l'auditeur, qui communément n'a qu'une teinture superficielle de l'histoire, s'offense rarement d'une pareille prolongation qui ne sort point de la vraisemblance. Je ne voudrois pas toutefois faire une règle générale de cette licence, sans y mettre quelque distinction. La mort de Sylla n'apporta aucun changement aux affaires de Sertorius en Espagne, et lui fut de si peu d'importance, qu'il est malaisé, en lisant la vie de ce héros chez Plutarque, de remarquer lequel des deux est mort le premier, si l'on n'en est instruit d'ailleurs. Autre chose est de celles qui renversent les états, détruisent les partis, et donnent une autre face aux affaires, comme a été celle de Pompée, qui feroit révolter tout l'auditoire contre un auteur, s'il avoit l'imprudence de la mettre après celle de César. D'ailleurs, il falloit colorer et excuser en quelque sorte la guerre que Pompée et les autres chefs romains continuoient contre Sertorius ; car il est assez malaisé de comprendre pourquoi l'on s'y obstinoit, après que la république sembloit être rétablie par la démission volontaire et la mort de son tyran. Sans doute que son esprit de souveraineté, qu'il avoit fait revivre dans Rome, n'y étoit pas mort avec lui, et que Pompée et beaucoup d'autres, aspirant dans l'ame à prendre sa place, craignoient que Sertorius ne leur y fût un puissant obstacle, ou par l'amour qu'il avoit toujours pour sa patrie, ou par la grandeur de sa réputation et le mérite de ses actions, qui lui eussent fait donner la préférence, si ce grand ébranlement de la république l'eût mise en état de ne se pouvoir passer de maître. Pour ne pas déshonorer Pompée par cette jalousie secrète de son ambition, qui semoit dès-lors ce qu'on a vu depuis éclater si hautement, et qui peut-être étoit le véritable motif de cette guerre, je me suis persuadé qu'il étoit plus à propos de faire vivre Sylla, afin d'en attribuer l'injustice à la violence de sa domination. Cela m'a servi de plus à arrêter l'effet de ce puissant amour que je lui fais conserver pour son Aristie, avec qui il n'eût pu se défendre de renouer, s'il n'eût eu rien à craindre du côté de Sylla, dont le nom odieux, mais illustre, donne un grand poids aux raisonnements de la politique, qui fait l'ame de toute cette tragédie.

Le même Pompée semble s'écarter un peu de la prudence d'un général d'armée, lorsque sur la foi de Sertorius il vient conférer avec lui dans une ville dont le chef du parti contraire est maître absolu ; mais c'est une confiance de généreux à généreux, et de Romain à Romain, qui lui donne quelque droit de ne craindre aucune supercherie de la part d'un si grand homme. Ce n'est pas que je ne veuille bien accorder aux critiques qu'il n'a pas assez pourvu à sa propre sûreté ; mais il m'étoit impossible de garder l'unité de lieu sans lui faire faire cette échappée, qu'il faut imputer à l'incommodité de la règle, plus qu'à moi qui l'ai bien vue. Si vous ne voulez la pardonner à l'impatience qu'il avoit de voir sa femme, dont je le fais encore si passionné, et à la peur qu'elle ne prît un autre mari, faute de savoir ses intentions pour elle, vous la pardonnerez au plaisir qu'on a pris à cette conférence, que quelques uns des premiers dans la cour et pour la naissance et pour l'esprit ont estimée autant qu'une pièce entière. Vous n'en serez pas désavoué par

Aristote, qui souffre qu'on mette quelquefois des choses sans raison sur le théâtre, quand il y a apparence qu'elles seront bien reçues, et qu'on a lieu d'espérer que les avantages que le poëme en retirera pourront mériter cette grace.

PERSONNAGES.

SERTORIUS, général du parti de Marius en Espagne.
PERPENNA, lieutenant de Sertorius.
AUFIDE, tribun de l'armée de Sertorius.
POMPÉE, général du parti de Sylla.
ARISTIE, femme de Pompée.
VIRIATE, reine de Lusitanie, à présent Portugal
THAMIRE, dame d'honneur de Viriate.
CELSUS, tribun du parti de Pompée.
ARCAS, affranchi d'Aristius frère d'Aristie.

La scène est à Nertobrige, ville d'Aragon, conquise par Sertorius, à présent Catalayud.

SERTORIUS,
TRAGÉDIE.

ACTE PREMIER.

SCÈNE I.[1]

PERPENNA, AUFIDE.

PERPENNA.

D'où me vient ce désordre, Aufide ? et que veut dire [2]
Que mon cœur sur mes vœux garde si peu d'empire ?
L'horreur que malgré moi me fait la trahison [3]
Contre tout mon espoir révolte ma raison ; [4]
Et de cette grandeur sur le crime fondée,
Dont jusqu'à ce moment m'a trop flatté l'idée,
L'image tout affreuse au point d'exécuter
Ne trouve plus en moi de bras à lui prêter.
En vain l'ambition qui presse mon courage
D'un faux brillant d'honneur pare son noir ouvrage ;
En vain, pour me soumettre à ses lâches efforts,
Mon ame a secoué le joug de cent remords :
Cette ame, d'avec soi tout-à-coup divisée, [5]
Reprend de ses remords la chaîne mal brisée ;

Et de Sertorius le surprenant bonheur
Arrête une main prête à lui percer le cœur.

AUFIDE.

Quel honteux contre-temps de vertu délicate [6]
S'oppose au beau succès de l'espoir qui vous flatte ?
Et depuis quand, seigneur, la soif du premier rang
Craint-elle de répandre un peu de mauvais sang ?
Avez-vous oublié cette grande maxime,
Que la guerre civile est le règne du crime ;
Et qu'aux lieux où le crime a plein droit de régner
L'innocence timide est seule à dédaigner ?
L'honneur et la vertu sont des noms ridicules : [7]
Marius ni Carbon n'eurent point de scrupules ;
Jamais Sylla, jamais....

PERPENNA.
　　　　　Sylla ni Marius [8]
N'ont jamais épargné le sang de leurs vaincus ;
Tour à tour la victoire autour d'eux en furie
A poussé leur courroux jusqu'à la barbarie ;
Tour à tour le carnage et les proscriptions
Ont sacrifié Rome à leurs dissentions : [9]
Mais leurs sanglants discords qui nous donnent des maîtres
Ont fait des meurtriers, et n'ont point fait de traîtres ;
Leurs plus vastes fureurs jamais n'ont consenti
Qu'aucun versât le sang de son propre parti ;
Et dans l'un ni dans l'autre aucun n'a pris l'audace
D'assassiner son chef pour monter en sa place.

AUFIDE.

Vous y renoncez donc, et n'êtes plus jaloux [10]
De suivre les drapeaux d'un chef moindre que vous ?
Ah ! s'il faut obéir, ne faisons plus la guerre ;
Prenons le même joug qu'a pris toute la terre.

Pourquoi tant de périls ? pourquoi tant de combats ?
Si nous voulons servir, Sylla nous tend les bras.
C'est mal vivre en Romain que prendre loi d'un homme :
Mais, tyran pour tyran, il vaut mieux vivre à Rome.

PERPENNA.

Vois mieux ce que tu dis quand tu parles ainsi.
Du moins la liberté respire encore ici :
De notre république à Rome anéantie
On y voit refleurir la plus noble partie ;
Et cet asile ouvert aux illustres proscrits
Réunit du sénat le précieux débris.
Par lui Sertorius gouverne ces provinces,
Leur impose tribut, fait des lois à leurs princes,
Maintient de nos Romains le reste indépendant.
Mais comme tout parti demande un commandant,
Ce bonheur imprévu qui partout l'accompagne,
Ce nom qu'il s'est acquis chez les peuples d'Espagne....

AUFIDE.

Ah ! c'est ce nom acquis avec trop de bonheur
Qui rompt votre fortune et vous ravit l'honneur :
Vous n'en sauriez douter, pour peu qu'il vous souvienne
Du jour que votre armée alla joindre la sienne.
Lors....

PERPENNA.

N'envenime point le cuisant souvenir
Que le commandement devoit m'appartenir.
Je le passois en nombre, aussi-bien qu'en noblesse ;
Il succomboit sans moi sous sa propre foiblesse :
Mais sitôt qu'il parut, je vis en moins de rien
Tout mon camp déserté pour repeupler le sien ;
Je vis par mes soldats mes aigles arrachées
Pour se ranger sous lui voler vers ses tranchées ;

Et, pour en colorer l'emportement honteux,
Je les suivis de rage, et m'y rangeai comme eux.
 L'impérieuse aigreur de l'âpre jalousie [12]
Dont en secret dès-lors mon ame fut saisie
Grossit de jour en jour sous une passion
Qui tyrannise encor plus que l'ambition :
J'adore Viriate ; et cette grande reine, [13]
Des Lusitaniens l'illustre souveraine,
Pourroit par son hymen me rendre sur les siens
Ce pouvoir absolu qu'il m'ôte sur les miens.
Mais elle-même, hélas ! de ce grand nom charmée,
S'attache au bruit heureux que fait sa renommée ;
Cependant qu'insensible à ce qu'elle a d'appas
Il me dérobe un cœur qu'il ne demande pas.
De son astre opposé telle est la violence, [14]
Qu'il me vole partout, même sans qu'il y pense,
Et que, toutes les fois qu'il m'enlève mon bien,
Son nom fait tout pour lui, sans qu'il en sache rien.
Je sais qu'il peut aimer, et nous cacher sa flamme :
Mais je veux sur ce point lui découvrir mon ame ;
Et, s'il peut me céder ce trône où je prétends,
J'immolerai ma haine à mes désirs contents ; [15]
Et je n'envîrai plus le rang dont il s'empare,
S'il m'en assure autant chez ce peuple barbare,
Qui, formé par nos soins, instruit de notre main,
Sous notre discipline est devenu romain.

      AUFIDE.

Lorsqu'on fait des projets d'une telle importance,
Les intérêts d'amour entrent-ils en balance ?
Et si ces intérêts vous sont enfin si doux,
Viriate, lui mort, n'est-elle pas à vous ?

PERPENNA.

Oui ; mais de cette mort la suite m'embarrasse. 16
Aurai-je sa fortune aussi-bien que sa place ?
Ceux dont il a gagné la croyance et l'appui 17
Prendront-ils même joie à m'obéir qu'à lui ?
Et, pour venger sa trame indignement coupée,
N'arboreront-ils point l'étendard de Pompée ?

AUFIDE.

C'est trop craindre, et trop tard ; c'est dans votre festin
Que ce soir par votre ordre on tranche son destin.
La trève a dispersé l'armée à la campagne,
Et vous en commandez ce qui nous accompagne.
L'occasion nous rit dans un si grand dessein ;
Mais tel bras n'est à nous que jusques à demain.
Si vous rompez le coup, prévenez les indices :
Perdez Sertorius, ou perdez vos complices.
Craignez ce qu'il faut craindre : il en est parmi nous
Qui pourroient bien avoir mêmes remords que vous ;
Et si vous différez.... Mais le tyran arrive.
Tâchez d'en obtenir l'objet qui vous captive ;
Et je prirai les dieux que dans cet entretien
Vous ayez assez d'heur pour n'en obtenir rien.

SCÈNE II.

SERTORIUS, PERPENNA.

SERTORIUS.

APPRENEZ un dessein qui vient de me surprendre.
Dans deux heures Pompée en ce lieu se doit rendre ;

Il veut sur nos débats conférer avec moi,
Et pour toute assurance il ne prend que ma foi.

PERPENNA.

La parole suffit entre les grands courages.
D'un homme tel que vous la foi vaut cent otages ;
Je n'en suis point surpris : mais ce qui me surprend, [1]
C'est de voir que Pompée ait pris le nom de Grand,
Pour faire encore au vôtre entière déférence,
Sans vouloir de lieu neutre à cette conférence.
C'est avoir beaucoup fait que d'avoir jusque-là
Fait descendre l'orgueil des héros de Sylla.

SERTORIUS.

S'il est plus fort que nous, ce n'est plus en Espagne,
Où nous forçons les siens de quitter la campagne, [2]
Et de se retrancher dans l'empire douteux
Que lui souffre à regret une province ou deux,
Qu'à sa fortune lasse il craint que je n'enlève,
Sitôt que le printemps aura fini la trêve.
C'est l'heureuse union de vos drapeaux aux miens
Qui fait ces beaux succès qu'à toute heure j'obtiens ;
C'est à vous que je dois ce que j'ai de puissance :
Attendez tout aussi de ma reconnoissance.
Je reviens à Pompée, et pense deviner
Quels motifs jusqu'ici peuvent nous l'amener.

Comme il trouve avec nous peu de gloire à prétendre,
Et qu'au lieu d'attaquer il a peine à défendre, [3]
Il voudroit qu'un accord, avantageux ou non,
L'affranchît d'un emploi qui ternit ce grand nom ;
Et chatouillé d'ailleurs par l'espoir qui le flatte
De faire avec plus d'heur la guerre à Mithridate,
Il brûle d'être à Rome, afin d'en recevoir
Du maître qu'il s'y donne et l'ordre et le pouvoir.

PERPENNA.

J'aurois cru qu'Aristie ici réfugiée, 4
Que, forcé par ce maître, il a répudiée,
Par un reste d'amour l'attirât en ces lieux
Sous une autre couleur lui faire ses adieux;
Car de son cher tyran l'injustice fut telle,
Qu'il ne lui permit pas de prendre congé d'elle.

SERTORIUS.

Cela peut être encore; ils s'aimoient chèrement :
Mais il pourroit ici trouver du changement.
L'affront pique à tel point le grand cœur d'Aristie,
Que, sa première flamme en haine convertie,
Elle cherche bien moins un asile chez nous,
Que la gloire d'y prendre un plus illustre époux.
C'est ainsi qu'elle parle, et m'offre l'assistance 5
De ce que Rome encore a de gens d'importance,
Dont les uns ses parents, les autres ses amis,
Si je veux l'épouser, ont pour moi tout promis.
Leurs lettres en font foi, qu'elle me vient de rendre. 6
Voyez avec loisir ce que j'en dois attendre;
Je veux bien m'en remettre à votre sentiment.

PERPENNA.

Pourriez-vous bien, seigneur, balancer un moment,
A moins d'une secrète et forte antipathie
Qui vous montre un supplice en l'hymen d'Aristie?
Voyant ce que pour dot Rome lui veut donner,
Vous n'avez aucun lieu de rien examiner.

SERTORIUS.

Il faut donc, Perpenna, vous faire confidence
Et de ce que je crains et de ce que je pense.

J'aime ailleurs. A mon âge il sied si mal d'aimer, 7
Que je le cache même à qui m'a su charmer : 8
Mais, tel que je puis être, on m'aime, ou, pour mieux dire,
La reine Viriate à mon hymen aspire ;
Elle veut que ce choix de son ambition
De son peuple avec nous commence l'union,
Et qu'ensuite à l'envi mille autres hyménées
De nos deux nations l'une à l'autre enchaînées
Mêlent si bien le sang et l'intérêt commun,
Qu'ils réduisent bientôt les deux peuples en un. 9
C'est ce qu'elle prétend pour digne récompense
De nous avoir servis avec cette constance
Qui n'épargne ni biens ni sang de ses sujets
Pour affermir ici nos généreux projets :
Non qu'elle me l'ait dit, ou quelque autre pour elle ;
Mais j'en vois chaque jour quelque marque fidèle ;
Et comme ce dessein n'est plus pour moi douteux,
Je ne puis l'ignorer qu'autant que je le veux.

Je crains donc de l'aigrir si j'épouse Aristie,
Et que de ses sujets la meilleure partie,
Pour venger ce mépris, et servir son courroux,
Ne tourne obstinément ses armes contre nous.
Auprès d'un tel malheur, pour nous irréparable, 10
Ce qu'on promet pour l'autre est peu considérable ;
Et, sous un faux espoir de nous mieux établir,
Ce renfort accepté pourroit nous affoiblir.

Voilà ce qui retient mon esprit en balance.
Je n'ai pour Aristie aucune répugnance ;
Et la reine à tel point n'asservit pas mon cœur,
Qu'il ne fasse encor tout pour le commun bonheur.

PERPENNA.

Cette crainte, seigneur, dont votre ame est gênée

Ne doit pas d'un moment retarder l'hyménée.
Viriate, il est vrai, pourra s'en émouvoir ;
Mais que sert la colère où manque le pouvoir ?
Malgré sa jalousie et ses vaines menaces,
N'êtes-vous pas toujours le maître de ses places ?
Les siens, dont vous craignez le vif ressentiment,
Ont-ils dans votre armée aucun commandement ?
Des plus nobles d'entre eux, et des plus grands courages, [11]
N'avez-vous pas les fils dans Osca pour otages ?
Tous leurs chefs sont romains ; et leurs propres soldats, [12]
Dispersés dans nos rangs, ont fait tant de combats,
Que la vieille amitié qui les attache aux nôtres
Leur fait aimer nos lois et n'en vouloir point d'autres.
Pourquoi donc tant les craindre ? et pourquoi refuser...

SERTORIUS.

Vous-même, Perpenna, pourquoi tant déguiser ?
Je vois ce qu'on m'a dit : vous aimez Viriate ; [13]
Et votre amour caché dans vos raisons éclate.
Mais les raisonnements sont ici superflus :
Dites que vous l'aimez ; et je ne l'aime plus. [14]
Parlez : je vous dois tant, que ma reconnoissance
Ne peut être sans honte un moment en balance.

PERPENNA.

L'aveu que vous voulez à mon cœur est si doux,
Que j'ose...

SERTORIUS.

C'est assez : je parlerai pour vous.

PERPENNA.

Ah ! seigneur, c'en est trop ; et....

SERTORIUS.

Point de repartie :
Tous mes vœux sont déjà du côté d'Aristie ; [15]
Et je l'épouserai, pourvu qu'en même jour
La reine se résolve à payer votre amour :
Car, quoi que vous disiez, je dois craindre sa haine, [16]
Et fuirois à ce prix cette illustre Romaine.
La voici : laissez-moi ménager son esprit :
Et voyez cependant de quel air on m'écrit. [17]

SCÈNE III.[1]

SERTORIUS, ARISTIE.

ARISTIE.

Ne vous offensez pas si dans mon infortune
Ma foiblesse me force à vous être importune ;
Non pas pour mon hymen, les suites d'un tel choix
Méritent qu'on y pense un peu plus d'une fois :
Mais vous pouvez, seigneur, joindre à mes espérances [2]
Contre un péril nouveau nouvelles assurances.
J'apprends qu'un infidèle, autrefois mon époux,
Vient jusque dans ces murs conférer avec vous.
L'ordre de son tyran, et sa flamme inquiète,
Me pourront envier l'honneur de ma retraite :
L'un en prévoit la suite, et l'autre en craint l'éclat ;
Et tous les deux contre elle ont leur raison d'état.
Je vous demande donc sûreté tout entière
Contre la violence et contre la prière,
Si par l'une ou par l'autre il veut se ressaisir
De ce qu'il ne peut voir ailleurs sans déplaisir.

SERTORIUS.

Il en a lieu, madame ; un si rare mérite
Semble croître de prix quand par force on le quitte.
Mais vous avez ici sûreté contre tous,
Pourvu que vous puissiez en trouver contre vous,
Et que contre un ingrat dont l'amour fut si tendre,
Lorsqu'il vous parlera, vous sachiez vous défendre.
On a peine à haïr ce qu'on a bien aimé,
Et le feu mal éteint est bientôt rallumé.

ARISTIE.

L'ingrat, par son divorce en faveur d'Émilie,
M'a livrée au mépris de toute l'Italie.
Vous savez à quel point mon courage est blessé :
Mais s'il se dédisoit d'un outrage forcé, [3]
S'il chassoit Émilie, et me rendoit ma place,
J'aurois peine, seigneur, à lui refuser grace ;
Et tant que je serai maîtresse de ma foi,
Je me dois toute à lui, s'il revient tout à moi.

SERTORIUS.

En vain donc je me flatte ; en vain j'ose, madame,
Promettre à mon espoir quelque part en votre ame ;
Pompée en est encor l'unique souverain.
Tous vos ressentiments n'offrent que votre main ;
Et quand par ses refus j'aurai droit d'y prétendre,
Le cœur toujours à lui ne voudra pas se rendre.

ARISTIE.

Qu'importe de mon cœur, si je sais mon devoir,
Et si mon hyménée enfle votre pouvoir ?
Vous ravaleriez-vous jusques à la bassesse [4]
D'exiger de ce cœur des marques de tendresse,

Et de les préférer à ce qu'il fait d'effort
Pour braver mon tyran et relever mon sort ?
Laissons, seigneur, laissons pour les petites ames 5
Ce commerce rampant de soupirs et de flammes ;
Et ne nous unissons que pour mieux soutenir
La liberté que Rome est prête à voir finir.
Unissons ma vengeance à votre politique, 6
Pour sauver des abois toute la république :
L'hymen seul peut unir des intérêts si grands.
Je sais que c'est beaucoup que ce que je prétends :
Mais, dans ce dur exil que mon tyran m'impose,
Le rebut de Pompée est encor quelque chose ;
Et j'ai des sentiments trop nobles ou trop vains,
Pour le porter ailleurs qu'au plus grand des Romains.

SERTORIUS.

Ce nom ne m'est pas dû ; je suis....

ARISTIE.

Ce que vous faites
Montre à tout l'univers, seigneur, ce que vous êtes ;
Mais quand même ce nom sembleroit trop pour vous,
Du moins mon infidèle est d'un rang au-dessous :
Il sert dans son parti, vous commandez au vôtre ;
Vous êtes chef de l'un, et lui sujet dans l'autre ;
Et son divorce enfin, qui m'arrache sa foi,
L'y laisse par Sylla plus opprimé que moi,
Si votre hymen m'élève à la grandeur sublime, 7
Tandis qu'en l'esclavage un autre hymen l'abîme. 8

Mais, seigneur, je m'emporte, et l'excès d'un tel heur
Me fait vous en parler avec trop de chaleur.
Tout mon bien est encor dedans l'incertitude : 9
Je n'en conçois l'espoir qu'avec inquiétude ;

Et je craindrai toujours d'avoir trop prétendu,
Tant que de cet espoir vous m'ayez répondu.
Vous me pouvez d'un mot assurer ou confondre.

SERTORIUS.

Mais, madame, après tout, que puis-je vous répondre ?
De quoi vous assurer, si vous-même parlez
Sans être sûre encor de ce que vous voulez ?
 De votre illustre hymen je sais les avantages ;
J'adore les grands noms que j'en ai pour otages,
Et vois que leur secours, nous rehaussant le bras,
Auroit bientôt jeté la tyrannie à bas :
Mais cette attente aussi pourroit se voir trompée
Dans l'offre d'une main qui se garde à Pompée,
Et qui n'étale ici la grandeur d'un tel bien,
Que pour me tout promettre et ne me donner rien.

ARISTIE.

Si vous vouliez ma main par choix de ma personne,
Je vous dirois : « Seigneur, prenez, je vous la donne;
Quoi que veuille Pompée, il le voudra trop tard. »
Mais comme en cet hymen l'amour n'a point de part,
Qu'il n'est qu'un pur effet de noble politique,
Souffrez que je vous dise, afin que je m'explique,
Que quand j'aurois pour dot un million de bras
Je vous donne encor plus en ne l'achevant pas.
 Si je réduis Pompée à chasser Émilie,
Peut-il, Sylla régnant, regarder l'Italie ?
Ira-t-il se livrer à son juste courroux ?
Non, non ; si je le gagne, il faut qu'il vienne à vous.
Ainsi par mon hymen vous avez assurance
Que mille vrais Romains prendront votre défense :

Mais si j'en romps l'accord pour lui rendre mes vœux,
Vous aurez ces Romains, et Pompée avec eux;
Vous aurez ces amis par ce nouveau divorce;
Vous aurez du tyran la principale force,
Son armée, ou du moins ses plus braves soldats,
Qui de leur général voudront suivre les pas;
Vous marcherez vers Rome à communes enseignes.
Il sera temps alors, Sylla, que tu me craignes.
Tremble, et crois voir bientôt trébucher ta fierté,
Si je puis t'enlever ce que tu m'as ôté.
Pour faire de Pompée un gendre de ta femme,
Tu l'as fait un parjure, un méchant, un infâme : [13]
Mais s'il me laisse encor quelques droits sur son cœur,
Il reprendra sa foi, sa vertu, son honneur;
Pour rentrer dans mes fers il brisera tes chaînes;
Et nous t'accablerons sous nos communes haines.
 J'abuse trop, seigneur, d'un précieux loisir :
Voilà vos intérêts; c'est à vous de choisir.
Si votre amour trop prompt veut borner sa conquête, [14]
Je vous le dis encor, ma main est toute prête.
Je vous laisse y penser : surtout souvenez-vous
Que ma gloire en ces lieux me demande un époux;
Qu'elle ne peut souffrir que ma fuite m'y range,
En captive de guerre, au péril d'un échange;
Qu'elle veut un grand homme à recevoir ma foi; [15]
Qu'après vous, et Pompée, il n'en est point pour moi;
Et que....

SERTORIUS.

Vous le verrez, et saurez sa pensée.

ARISTIE.

Adieu, seigneur : j'y suis la plus intéressée,

ACTE I, SCÈNE III.

Et j'y vais préparer mon reste de pouvoir. 16
SERTORIUS.
Moi, je vais donner ordre à le bien recevoir. 17
(seul.)
Dieux, souffrez qu'à mon tour avec vous je m'explique. 18
Que c'est un sort cruel d'aimer par politique !
Et que ses intérêts sont d'étranges malheurs,
S'ils font donner la main, quand le cœur est ailleurs !

FIN DU PREMIER ACTE.

ACTE SECOND.

SCÈNE I.

VIRIATE, THAMIRE.

VIRIATE.

Thamire, il faut parler, l'occasion nous presse :
Rome jusqu'en ces murs m'envoie une maîtresse;
Et l'exil d'Aristie, enveloppé d'ennuis, [1]
Est prêt à l'emporter sur tout ce que je suis.
En vain de mes regards l'ingénieux langage
Pour découvrir mon cœur a tout mis en usage;
En vain par le mépris des vœux de tous nos rois
J'ai cru faire éclater l'orgueil d'un autre choix : [2]
Le seul pour qui je tâche à le rendre visible, [3]
Ou n'ose en rien connoître, ou demeure insensible,
Et laisse à ma pudeur des sentiments confus, [4]
Que l'amour-propre obstine à douter du refus.
Épargne-m'en la honte, et prends soin de lui dire, [5]
A ce héros si cher.... Tu le connois, Thamire :
Car d'où pourroit mon trône attendre un ferme appui ?
Et pour qui mépriser tous nos rois, que pour lui?
Sertorius, lui seul digne de Viriate,
Mérite que pour lui tout mon amour éclate.
Fais-lui, fais-lui savoir le glorieux dessein
De m'affermir au trône en lui donnant la main :
Dis-lui... Mais j'aurois tort d'instruire ton adresse, [6]
Moi qui connois ton zèle à servir ta princesse.

THAMIRE.

Madame, en ce héros tout est illustre et grand ;
Mais, à parler sans fard, votre amour me surprend.
Il est assez nouveau qu'un homme de son âge 7
Ait des charmes si forts pour un jeune courage,
Et que d'un front ridé les replis jaunissants
Trouvent l'heureux secret de captiver les sens.

VIRIATE.

Ce ne sont pas les sens que mon amour consulte ;
Il hait des passions l'impétueux tumulte ;
Et son feu, que j'attache aux soins de ma grandeur,
Dédaigne tout mélange avec leur folle ardeur.
J'aime en Sertorius ce grand art de la guerre
Qui soutient un banni contre toute la terre ;
J'aime en lui ces cheveux tout couverts de lauriers,
Ce front qui fait trembler les plus braves guerriers,
Ce bras qui semble avoir la victoire en partage.
L'amour de la vertu n'a jamais d'yeux pour l'âge :
Le mérite a toujours des charmes éclatants ;
Et quiconque peut tout est aimable en tout temps. 8

THAMIRE.

Mais, madame, nos rois, dont l'amour vous irrite,
N'ont-ils tous ni vertu, ni pouvoir, ni mérite ?
Et dans votre parti se peut-il qu'aucun d'eux
N'ait signalé son nom par des exploits fameux ?
Celui des Turdetans, celui des Celtibères,
Soutiendroient-ils si mal le sceptre de vos pères....

VIRIATE.

Contre des rois comme eux j'aimerois leur soutien ;
Mais contre des Romains tout leur pouvoir n'est rien.

Rome seule aujourd'hui peut résister à Rome :
Il faut pour la braver qu'elle nous prête un homme, 9
Et que son propre sang en faveur de ces lieux 10
Balance les destins, et partage les dieux.
Depuis qu'elle a daigné protéger nos provinces, 11
Et de son amitié faire honneur à leurs princes,
Sous un si haut appui nos rois humiliés
N'ont été que sujets sous le nom d'alliés ;
Et ce qu'ils ont osé contre leur servitude
N'en a rendu le joug que plus fort et plus rude.

 Qu'a fait Mandonius, qu'a fait Indibilis,
Qu'y plonger plus avant leurs trônes avilis,
Et voir leur fier amas de puissance et de gloire
Brisé contre l'écueil d'une seule victoire ?

 Le grand Viriatus, de qui je tiens le jour, 12
D'un sort plus favorable eut un pareil retour.
Il défit trois préteurs, il gagna dix batailles, 13
Il repoussa l'assaut de plus de cent murailles ;
Et de Servilius l'astre prédominant
Dissipa tout d'un coup ce bonheur étonnant.
Ce grand roi fut défait, il en perdit la vie,
Et laissoit sa couronne à jamais asservie,
Si pour briser les fers de son peuple captif
Rome n'eût envoyé ce noble fugitif.

 Depuis que son courage à nos destins préside,
Un bonheur si constant de nos armes décide,
Que deux lustres de guerre assurent nos climats
Contre ces souverains de tant de potentats,
Et leur laissent à peine, au bout de dix années,
Pour se couvrir de nous, l'ombre des Pyrénées.

 Nos rois, sans ce héros, l'un de l'autre jaloux, 14
Du plus heureux sans cesse auroient rompu les coups ;

ACTE II, SCÈNE I.

Jamais ils n'auroient pu choisir entre eux un maître.

THAMIRE.

Mais consentiront-ils qu'un Romain puisse l'être ?

VIRIATE.

Il n'en prend pas le titre, et les traite d'égal :
Mais, Thamire, après tout, il est leur général ;
Ils combattent sous lui, sous son ordre ils s'unissent;
Et tous ces rois de nom en effet obéissent,
Tandis que de leur rang l'inutile fierté
S'applaudit d'une vaine et fausse égalité.

THAMIRE.

Je n'ose vous rien dire après cet avantage,
Et voudrois comme vous faire grace à son âge :
Mais enfin ce héros, sujet au cours des ans,
A trop long-temps vaincu pour vaincre encor long-temps;
Et sa mort....

VIRIATE.

Jouissons, en dépit de l'envie,
Des restes glorieux de son illustre vie :
Sa mort me laissera pour ma protection [15]
La splendeur de son ombre et l'éclat de son nom.
Sur ces deux grands appuis ma couronne affermie
Ne redoutera point de puissance ennemie ;
Ils feront plus pour moi que ne feroient cent rois.
Mais nous en parlerons encor quelque autre fois :
Je l'aperçois qui vient.

SCÈNE II.

SERTORIUS, VIRIATE, THAMIRE.

SERTORIUS.

Que direz-vous, madame,
Du dessein téméraire où s'échappe mon ame?
N'est-ce point oublier ce qu'on vous doit d'honneur,
Que demander à voir le fond de votre cœur?

VIRIATE.

Il est si peu fermé que chacun y peut lire,
Seigneur, peut-être plus que je ne puis vous dire;
Pour voir ce qui s'y passe il ne faut que des yeux.

SERTORIUS.

J'ai besoin toutefois qu'il s'explique un peu mieux.
 Tous vos rois à l'envi briguent votre hyménée;
Et comme vos bontés font notre destinée,
Par ces mêmes bontés j'ose vous conjurer,
En faisant ce grand choix, de nous considérer.
Si vous prenez un prince inconstant, infidèle,
Ou qui pour le parti n'ait pas assez de zèle,
Jugez en quel état nous nous verrons réduits,
Si je pourrai long-temps encor ce que je puis,
Si mon bras....

VIRIATE.

 Vous formez des craintes que j'admire.
J'ai mis tous mes états si bien sous votre empire,
Que quand il me plaira faire choix d'un époux,
Quelque projet qu'il fasse, il dépendra de vous.
Mais, pour vous mieux ôter cette frivole crainte,
Choisissez-le vous-même, et parlez-moi sans feinte:

Pour qui de tous ces rois êtes-vous sans soupçon ? ²
A qui d'eux pouvez-vous confier ce grand nom ?

SERTORIUS.

Je voudrois faire un choix qui pût aussi vous plaire;
Mais, à ce froid accueil que je vous vois leur faire,
Il semble que pour tous sans aucun intérêt....

VIRIATE.

C'est peut-être, seigneur, qu'aucun d'eux ne me plaît,
Et que de leur haut rang la pompe la plus vaine
S'efface au seul aspect de la grandeur romaine.

SERTORIUS.

Si donc je vous offrois pour époux un Romain ?

VIRIATE.

Pourrois-je refuser un don de votre main ?

SERTORIUS.

J'ose après cet aveu vous faire offre d'un homme
Digne d'être avoué de l'ancienne Rome. ³
Il en a la naissance, il en a le grand cœur,
Il est couvert de gloire, il est plein de valeur;
De toute votre Espagne il a gagné l'estime;
Libéral, intrépide, affable, magnanime, ⁴
Enfin c'est Perpenna sur qui vous emportez....

VIRIATE.

J'attendois votre nom après ces qualités;
Les éloges brillants que vous daignez y joindre
Ne me permettoient pas d'espérer rien de moindre.
Mais certes le détour est un peu surprenant:
Vous donnez une reine à votre lieutenant !
Si vos Romains ainsi choisissent des maîtresses,
A vos derniers tribuns il faudra des princesses.

SERTORIUS.

Madame....

VIRIATE.

Parlons net sur ce choix d'un époux.
Êtes-vous trop pour moi ? suis-je trop peu pour vous ?
C'est m'offrir, et ce mot peut blesser les oreilles :
Mais un pareil amour sied bien à mes pareilles ;
Et je veux bien, seigneur, qu'on sache désormais
Que j'ai d'assez bons yeux pour voir ce que je fais.
Je le dis donc tout haut, afin que l'on m'entende :
Je veux bien un Romain, mais je veux qu'il commande ;
Et ne trouverois pas nos rois à dédaigner,
N'étoit qu'ils savent mieux obéir que régner.
Mais si de leur puissance ils vous laissent l'arbitre,
Leur foiblesse du moins en conserve le titre.
Ainsi ce noble orgueil qui vous préfère à tous
En préfère le moindre à tout autre qu'à vous :
Car enfin, pour remplir l'honneur de ma naissance,
Il me faudroit un roi de titre et de puissance ;
Mais comme il n'en est plus, je pense m'en devoir
Ou le pouvoir sans nom, ou le nom sans pouvoir.

SERTORIUS.

J'adore ce grand cœur qui rend ce qu'il doit rendre
Aux illustres aïeux dont on vous voit descendre :
A de moindres pensers son orgueil abaissé
Ne soutiendroit pas bien ce qu'ils vous ont laissé.
Mais puisque, pour remplir la dignité royale,
Votre haute naissance en demande une égale,
Perpenna parmi nous est le seul dont le sang
Ne mêleroit point d'ombre à la splendeur du rang ;
Il descend de nos rois et de ceux d'Étrurie.
Pour moi, qu'un sang moins noble a transmis à la vie,

Je n'ose m'éblouir d'un peu de nom fameux, [13]
Jusqu'à déshonorer le trône par mes vœux. [14]
Cessez de m'estimer jusqu'à lui faire injure :
Je ne veux que le nom de votre créature ; [15]
Un si glorieux titre a de quoi me ravir ; [16]
Il m'a fait triompher en voulant vous servir ; [17]
Et malgré tout le peu que le ciel m'a fait naître.... [18]

VIRIATE.

Si vous prenez ce titre, agissez moins en maître ;
Ou m'apprenez du moins, seigneur, par quelle loi
Vous n'osez m'accepter, et disposez de moi.
Accordez le respect que mon trône vous donne [19]
Avec cet attentat sur ma propre personne :
Voir toute mon estime, et n'en pas mieux user,
C'en est un qu'aucun art ne sauroit déguiser.
Ne m'honorez donc plus jusqu'à me faire injure ;
Puisque vous le voulez, soyez ma créature ;
Et me laissant en reine ordonner de vos vœux,
Portez-les jusqu'à moi, parceque je le veux.
  Pour votre Perpenna, que sa haute naissance
N'affranchit point encor de votre obéissance,
Fût-il du sang des dieux aussi-bien que des rois,
Ne lui promettez plus la gloire de mon choix.
Rome n'attache point le grade à la noblesse :
Votre grand Marius naquit dans la bassesse ;
Et c'est pourtant le seul que le peuple romain
Ait jusques à sept fois choisi pour souverain.
Ainsi, pour estimer chacun à sa manière, [20]
Au sang d'un Espagnol je ferois grace entière ; [21]
Mais parmi vos Romains je prends peu garde au sang,
Quand j'y vois la vertu prendre le plus haut rang.

Vous, si vous haïssez comme eux le nom de reine, [22]
Regardez-moi, seigneur, comme dame romaine :
Le droit de bourgeoisie à nos peuples donné
Ne perd rien de son prix sur un front couronné.
Sous ce titre adoptif, étant ce que vous êtes,
Je pense bien valoir une de mes sujettes ;
Et si quelque Romaine a causé vos refus,
Je suis tout ce qu'elle est, et reine encor de plus.
Peut-être la pitié d'une illustre misère....

SERTORIUS.

Je vous entends, madame ; et, pour ne vous rien taire,
J'avoûrai qu'Aristie....

VIRIATE.

   Elle nous a tout dit ;
Je sais ce qu'elle espère, et ce qu'on vous écrit.
Sans y perdre de temps ouvrez votre pensée.

SERTORIUS.

Au seul bien de la cause elle est intéressée.
Mais puisque, pour ôter l'Espagne à nos tyrans,
Nous prenons, vous et moi, des chemins différents,
De grace, examinez le commun avantage,
Et jugez ce que doit un généreux courage.
 Je trahirois, madame, et vous et vos états, [23]
De voir un tel secours, et ne l'accepter pas :
Mais ce même secours deviendroit notre perte,
S'il nous ôtoit la main que vous m'avez offerte,
Et qu'un destin jaloux de nos communs desseins [24]
Jetât ce grand dépôt en de mauvaises mains.
Je tiens Sylla perdu, si vous laissez unie
A ce puissant renfort votre Lusitanie.
Mais vous pouvez enfin dépendre d'un époux,
Et le seul Perpenna peut m'assurer de vous.

Voyez ce qu'il a fait : je lui dois tant, madame,
Qu'une juste prière en faveur de sa flamme....

VIRIATE.

Si vous lui devez tant, ne me devez-vous rien ?
Et lui faut-il payer vos dettes de mon bien ?
Après que ma couronne a garanti vos têtes, ²⁵
Ne mérité-je point de part en vos conquêtes ?
Ne vous ai-je servi que pour servir toujours,
Et m'assurer des fers par mon propre secours ?
Ne vous y trompez pas : si Perpenna m'épouse,
Du pouvoir souverain je deviendrai jalouse,
Et le rendrai moi-même assez entreprenant
Pour ne vous pas laisser un roi pour lieutenant.
Je vous avoûrai plus. A qui que je me donne,
Je voudrai hautement soutenir ma couronne;
Et c'est ce qui me force à vous considérer,
De peur de perdre tout, s'il nous faut séparer.
Je ne vois que vous seul qui des mers aux montagnes
Sous un même étendard puisse unir nos Espagnes :
Mais ce que je propose en est le seul moyen ;
Et, quoi qu'ait fait pour vous ce cher concitoyen,
S'il vous a secouru contre la tyrannie,
Il en est bien payé d'avoir sauvé sa vie. [26]
Les malheurs du parti l'accabloient à tel point,
Qu'il se voyoit perdu, s'il ne vous eût pas joint;
Et même, si j'en veux croire la renommée,
Ses troupes, malgré lui, grossirent votre armée.
Rome offre un grand secours, du moins on vous l'écrit;
Mais s'armât-elle toute en faveur d'un proscrit,
Quand nous sommes aux bords d'une pleine victoire, [27]
Quel besoin avons-nous d'en partager la gloire ?

Encore une campagne, et nos seuls escadrons
Aux aigles de Sylla font repasser les monts.
Et ces derniers venus auront droit de nous dire
Qu'ils auront en ces lieux établi notre empire !
Soyons d'un tel honneur l'un et l'autre jaloux ;
Et quand nous pouvons tout, ne devons rien qu'à nous.

SERTORIUS.

L'espoir le mieux fondé n'a jamais trop de forces : [28]
Le plus heureux destin surprend par les divorces ; [29]
Du trop de confiance il aime à se venger ; [30]
Et dans un grand dessein rien n'est à négliger.
Devons-nous exposer à tant d'incertitude [31]
L'esclavage de Rome, et notre servitude,
De peur de partager avec d'autres Romains
Un honneur où le ciel veut peut-être leurs mains ?
Notre gloire, il est vrai, deviendra sans seconde,
Si nous faisons sans eux la liberté du monde ;
Mais si quelque malheur suit tant d'heureux combats,
Quels reproches cruels ne nous ferons-nous pas !
D'ailleurs, considérez que Perpenna vous aime ;
Qu'il est ou qu'il se croit digne du diadème ;
Qu'il peut ici beaucoup ; qu'il s'est vu de tout temps
Qu'en gouvernant le mieux on fait des mécontents ;
Que, piqué du mépris, il osera peut-être....

VIRIATE.

Tranchez le mot, seigneur : je vous ai fait mon maître,
Et je dois obéir malgré mon sentiment ;
C'est à quoi se réduit tout ce raisonnement.
Faites, faites entrer ce héros d'importance, [32]
Que je fasse un essai de mon obéissance ;
Et si vous le craignez, craignez autant du moins [33]
Un long et vain regret d'avoir prêté vos soins.

SERTORIUS.

Madame, croiriez-vous....

VIRIATE.

Ce mot vous doit suffire ;
J'entends ce qu'on me dit, et ce qu'on me veut dire.
Allez, faites-lui place ; et ne présumez pas....

SERTORIUS.

Je parle pour un autre ; et toutefois, hélas ! [34]
Si vous saviez....

VIRIATE.

Seigneur, que faut-il que je sache ?
Et quel est le secret que ce soupir me cache ?

SERTORIUS.

Ce soupir redoublé...

VIRIATE.

N'achevez point ; allez : [35]
Je vous obéirai plus que vous ne voulez.

SCÈNE III.

VIRIATE, THAMIRE.

THAMIRE.

SA dureté m'étonne ; et je ne puis, madame.... [1]

VIRIATE.

L'apparence t'abuse ; il m'aime au fond de l'ame. [2]

THAMIRE.

Quoi ! quand pour un rival il s'obstine au refus.... [3]

VIRIATE.

Il veut que je l'amuse, et ne veut rien de plus. [4]

THAMIRE.

Vous avez des clartés que mon insuffisance....

VIRIATE.

Parlons à ce rival ; le voilà qui s'avance.

SCÈNE IV.

VIRIATE, PERPENNA, AUFIDE, THAMIRE.

VIRIATE.

Vous m'aimez, Perpenna; Sertorius le dit : [1]
Je crois sur sa parole, et lui dois tout crédit.
Je sais donc votre amour; mais tirez-moi de peine :
Par où prétendez-vous mériter une reine,
A quel titre lui plaire, et par quel charme un jour [2]
Obliger sa couronne à payer votre amour ?

PERPENNA.

Par de sincères vœux, par d'assidus services,
Par de profonds respects, par d'humbles sacrifices ;
Et si quelques effets peuvent justifier....

VIRIATE.

Eh bien, qu'êtes-vous prêt de lui sacrifier ? [3]

PERPENNA.

Tous mes soins, tout mon sang, mon courage, ma vie.

VIRIATE.

Pourriez-vous la servir dans une jalousie ? [4]

PERPENNA.

Ah madame !

VIRIATE.

    A ce mot en vain le cœur vous bat ;
Elle n'est pas d'amour, elle n'est que d'état.

J'ai de l'ambition, et mon orgueil de reine
Ne peut voir sans chagrin une autre souveraine,
Qui, sur mon propre trône à mes yeux s'élevant,
Jusque dans mes états prenne le pas devant.
Sertorius y règne, et dans tout notre empire
Il dispense des lois où j'ai voulu souscrire.
Je ne m'en repens point, il en a bien usé;
Je rends graces au ciel qui l'a favorisé.
Mais, pour vous dire enfin de quoi je suis jalouse,
Quel rang puis-je garder auprès de son épouse ?
Aristie y prétend, et l'offre qu'elle fait, 5
Ou que l'on fait pour elle, en assure l'effet.
Délivrez nos climats de cette vagabonde,
Qui vient par son exil troubler un autre monde;
Et forcez-la sans bruit d'honorer d'autres lieux
De cet illustre objet qui me blesse les yeux.
Assez d'autres états lui prêteront asile.

PERPENNA.

Quoi que vous m'ordonniez, tout me sera facile :
Mais quand Sertorius ne l'épousera pas,
Un autre hymen vous met dans le même embarras. 6
Et qu'importe, après tout, d'une autre, ou d'Aristie,
Si....

VIRIATE.

Rompons, Perpenna, rompons cette partie;
Donnons ordre au présent; et quant à l'avenir,
Suivant l'occasion nous saurons y fournir.
Le temps est un grand maître, il règle bien des choses.
Enfin je suis jalouse, et vous en dis les causes.
Voulez-vous me servir ?

PERPENNA.

Si je le veux! J'y cours, 7
Madame, et meurs déjà d'y consacrer mes jours.
Mais pourrai-je espérer que ce foible service
Attirera sur moi quelque regard propice,
Que le cœur attendri fera suivre....

VIRIATE.

Arrêtez;
Vous porteriez trop loin des vœux précipités.
Sans doute un tel service aura droit de me plaire;
Mais laissez-moi, de grace, arbitre du salaire :
Je ne suis point ingrate, et sais ce que je dois;
Et c'est vous dire assez pour la première fois.
Adieu.

SCÈNE V.

PERPENNA, AUFIDE.

AUFIDE.

Vous le voyez, seigneur, comme on vous joue.
Tout son cœur est ailleurs; Sertorius l'avoue,
Et fait auprès de vous l'officieux rival, 1
Tandis que Viriate....

PERPENNA.

Ah! n'en juge point mal.
A lui rendre service elle m'ouvre une voie 2
Que tout mon cœur embrasse avec excès de joie.

AUFIDE.

Vous ne voyez donc pas que son esprit jaloux
Ne cherche à se servir de vous que contre vous,

ACTE II, SCÈNE V.

Et que, rompant le cours d'une flamme nouvelle, [3]
Vous forcez ce rival à retourner vers elle?

PERPENNA.

N'importe, servons-la, méritons son amour;
La force et la vengeance agiront à leur tour.
Hasardons quelques jours sur l'espoir qui nous flatte,
Dussions-nous pour tout fruit ne faire qu'une ingrate.

AUFIDE.

Mais, seigneur....

PERPENNA.

Épargnons les discours superflus,
Songeons à la servir, et ne contestons plus;
Cet unique souci tient mon ame occupée.
Cependant de nos murs on découvre Pompée;
Tu sais qu'on me l'a dit: allons le recevoir, [4]
Puisque Sertorius m'impose ce devoir.

FIN DU SECOND ACTE.

ACTE TROISIÈME.

SCÈNE I.[1]

SERTORIUS, POMPÉE; SUITE.

SERTORIUS.

SEIGNEUR, qui des mortels eût jamais osé croire [2]
Que la trêve à tel point dût rehausser ma gloire,
Qu'un nom à qui la guerre a fait trop applaudir [3]
Dans l'ombre de la paix trouvât à s'agrandir?
Certes, je doute encor si ma vue est trompée,
Alors que dans ces murs je vois le grand Pompée;
Et, quand il lui plaira, je saurai quel bonheur
Comble Sertorius d'un tel excès d'honneur.

POMPÉE.

Deux raisons. Mais, seigneur, faites qu'on se retire, [4]
Afin qu'en liberté je puisse vous les dire.

SCÈNE II.

SERTORIUS et POMPÉE, assis.

POMPÉE.

L'INIMITIÉ qui règne entre nos deux partis [1]
N'y rend pas de l'honneur tous les droits amortis :
Comme le vrai mérite a ses prérogatives, [2]
Qui prennent le dessus des haines les plus vives,

L'estime et le respect sont de justes tributs
Qu'aux plus fiers ennemis arrachent les vertus;
Et c'est ce que vient rendre à la haute vaillance 3
Dont je ne fais ici que trop d'expérience
L'ardeur de voir de près un si fameux héros,
Sans lui voir en la main piques ni javelots, 4
Et le front désarmé de ce regard terrible 5
Qui dans nos escadrons guide un bras invincible.
    Je suis jeune, et guerrier, et tant de fois vainqueur,
Que mon trop de fortune a pu m'enfler le cœur;
Mais, et ce franc aveu sied bien aux grands courages, 6
J'apprends plus contre vous par mes désavantages, 7
Que les plus beaux succès qu'ailleurs j'aie emportés
Ne m'ont encore appris par mes prospérités.
Je vois ce qu'il faut faire, à voir ce que vous faites : 8
Les sièges, les assauts, les savantes retraites,
Bien camper, bien choisir à chacun son emploi,
Votre exemple est partout une étude pour moi.
Ah! si je vous pouvois rendre à la république,
Que je croirois lui faire un présent magnifique!
Et que j'irois, seigneur, à Rome avec plaisir,
Puisque la trêve enfin m'en donne le loisir,
Si j'y pouvois porter quelque foible espérance
D'y conclure un accord d'une telle importance!
Près de l'heureux Sylla ne puis-je rien pour vous?
Et près de vous, seigneur, ne puis-je rien pour tous?

SERTORIUS.

Vous me pourriez sans doute épargner quelque peine,
Si vous vouliez avoir l'ame toute romaine :
Mais, avant que d'entrer en ces difficultés,
Souffrez que je réponde à vos civilités. 9

Vous ne me donnez rien par cette haute estime 10
Que vous n'ayez déjà dans le degré sublime.
La victoire attachée à vos premiers exploits,
Un triomphe avant l'âge où le souffrent nos lois,
Avant la dignité qui permet d'y prétendre,
Font trop voir quels respects l'univers vous doit rendre.
Si dans l'occasion je ménage un peu mieux 11
L'assiette du pays et la faveur des lieux,
Si mon expérience en prend quelque avantage,
Le grand art de la guerre attend quelquefois l'âge;
Le temps y fait beaucoup : et de mes actions
S'il vous a plu tirer quelques instructions,
Mes exemples un jour ayant fait place aux vôtres,
Ce que je vous apprends, vous l'apprendrez à d'autres;
Et ceux qu'aura ma mort saisis de mon emploi
S'instruiront contre vous, comme vous contre moi.
 Quant à l'heureux Sylla, je n'ai rien à vous dire :
Je vous ai montré l'art d'affoiblir son empire ;
Et si je puis jamais y joindre des leçons
Dignes de vous apprendre à repasser les monts,
Je suivrai d'assez près votre illustre retraite
Pour traiter avec lui sans besoin d'interprète,
Et sur les bords du Tibre, une pique à la main, 12
Lui demander raison pour le peuple romain.

POMPÉE.

De si hautes leçons, seigneur, sont difficiles, 13
Et pourroient vous donner quelques soins inutiles,
Si vous faisiez dessein de me les expliquer
Jusqu'à m'avoir appris à les bien pratiquer.

SERTORIUS.

Aussi me pourriez-vous épargner quelque peine,
Si vous vouliez avoir l'ame toute romaine ;

Je vous l'ai déjà dit.

POMPÉE.

Ce discours rebattu
Lasseroit une austère et farouche vertu.
Pour moi, qui vous honore assez pour me contraindre
A fuir obstinément tout sujet de m'en plaindre,
Je ne veux rien comprendre en ces obscurités.

SERTORIUS.

Je sais qu'on n'aime point de telles vérités :
Mais, seigneur, étant seuls, je parle avec franchise ;
Bannissant les témoins, vous me l'avez permise ;
Et je garde avec vous la même liberté
Que si votre Sylla n'avoit jamais été.

Est-ce être tout Romain qu'être chef d'une guerre 14
Qui veut tenir aux fers les maîtres de la terre ?
Ce nom, sans vous et lui, nous seroit encor dû ;
C'est par lui, c'est par vous, que nous l'avons perdu.
C'est vous qui sous le joug traînez des cœurs si braves ; 15
Ils étoient plus que rois, ils sont moindres qu'esclaves ;
Et la gloire qui suit vos plus nobles travaux
Ne fait qu'approfondir l'abîme de leurs maux ;
Leur misère est le fruit de votre illustre peine.
Et vous pensez avoir l'ame toute romaine !
Vous avez hérité ce nom de vos aïeux ;
Mais s'il vous étoit cher, vous le rempliriez mieux.

POMPÉE.

Je crois le bien remplir quand tout mon cœur s'applique
Aux soins de rétablir un jour la république :
Mais vous jugez, seigneur, de l'ame par le bras ; 16
Et souvent l'un paroît ce que l'autre n'est pas.

Lorsque deux factions divisent un empire,
Chacun suit au hasard la meilleure ou la pire,

Suivant l'occasion ou la nécessité
Qui l'emporte vers l'un ou vers l'autre côté.
Le plus juste parti, difficile à connoître,
Nous laisse en liberté de nous choisir un maître;
Mais quand ce choix est fait on ne s'en dédit plus.
J'ai servi sous Sylla du temps de Marius,
Et servirai sous lui tant qu'un destin funeste [17]
De nos divisions soutiendra quelque reste.
Comme je ne vois pas dans le fond de son cœur,
J'ignore quels projets peut former son bonheur: [18]
S'il les pousse trop loin, moi-même je l'en blâme;
Je lui prête mon bras sans engager mon ame;
Je m'abandonne au cours de sa félicité,
Tandis que tous mes vœux sont pour la liberté;
Et c'est ce qui me force à garder une place
Qu'usurperoient sans moi l'injustice et l'audace,
Afin que, Sylla mort, ce dangereux pouvoir [19]
Ne tombe qu'en des mains qui sachent leur devoir.
Enfin je sais mon but, et vous savez le vôtre.

SERTORIUS.

Mais cependant, seigneur, vous servez comme un autre;
Et nous, qui jugeons tout sur la foi de nos yeux,
Et laissons le dedans à pénétrer aux dieux,
Nous craignons votre exemple, et doutons si dans Rome
Il n'instruit point le peuple à prendre loi d'un homme,
Et si votre valeur sous le pouvoir d'autrui
Ne sème point pour vous lorsqu'elle agit pour lui.
  Comme je vous estime, il m'est aisé de croire
Que de la liberté vous feriez votre gloire,
Que votre ame en secret lui donne tous ses vœux;
Mais si je m'en rapporte aux esprits soupçonneux,

Vous aidez aux Romains à faire essai d'un maître,
Sous ce flatteur espoir qu'un jour vous pourrez l'être.
La main qui les opprime, et que vous soutenez,
Les accoutume au joug que vous leur destinez;
Et doutant s'ils voudront se faire à l'esclavage,
Aux périls de Sylla vous tâtez leur courage.

POMPÉE.

Le temps détrompera ceux qui parlent ainsi;
Mais justifira-t-il ce que l'on voit ici?
Permettez qu'à mon tour je parle avec franchise;
Votre exemple à la fois m'instruit et m'autorise.
Je juge, comme vous, sur la foi de mes yeux,
Et laisse le dedans à pénétrer aux dieux.
Ne vit-on pas ici sous les ordres d'un homme?
N'y commandez-vous pas comme Sylla dans Rome?
Du nom de dictateur, du nom de général,
Qu'importe, si des deux le pouvoir est égal?
Les titres différents ne font rien à la chose;
Vous imposez des lois ainsi qu'il en impose;
Et s'il est périlleux de s'en faire haïr,
Il ne seroit pas sûr de vous désobéir.
Pour moi, si quelque jour je suis ce que vous êtes,
J'en userai peut-être alors comme vous faites:
Jusque-là....

SERTORIUS.

Vous pourriez en douter jusque-là,
Et me faire un peu moins ressembler à Sylla.
Si je commande ici, le sénat me l'ordonne.
Mes ordres n'ont encore assassiné personne.
Je n'ai pour ennemis que ceux du bien commun;
Je leur fais bonne guerre, et n'en proscris pas un.

C'est un asile ouvert que mon pouvoir suprême ;
Et si l'on m'obéit, ce n'est qu'autant qu'on m'aime.

POMPÉE.

Et votre empire en est d'autant plus dangereux,
Qu'il rend de vos vertus les peuples amoureux,
Qu'en assujettissant vous avez l'art de plaire,
Qu'on croit n'être en vos fers qu'esclave volontaire,
Et que la liberté trouvera peu de jour
A détruire un pouvoir que fait régner l'amour.
   Ainsi parlent, seigneur, les ames soupçonneuses.
Mais n'examinons point ces questions fâcheuses,
Ni si c'est un sénat qu'un amas de bannis
Que cet asile ouvert sous vous a réunis.
Une seconde fois, n'est-il aucune voie
Par où je puisse à Rome emporter quelque joie ?
Elle seroit extrême à trouver les moyens
De rendre un si grand homme à ses concitoyens.
Il est doux de revoir les murs de la patrie :
C'est elle par ma voix, seigneur, qui vous en prie ;
C'est Rome....

SERTORIUS.

               Le séjour de votre potentat,[21]
Qui n'a que ses fureurs pour maximes d'état !
Je n'appelle plus Rome un enclos de murailles
Que ses proscriptions comblent de funérailles ;
Ces murs, dont le destin fut autrefois si beau,
N'en sont que la prison, ou plutôt le tombeau :
Mais, pour revivre ailleurs dans sa première force,
Avec les faux Romains elle a fait plein divorce ;
Et comme autour de moi j'ai tous ses vrais appuis,
Rome n'est plus dans Rome, elle est toute où je suis.

Parlons pourtant d'accord. Je ne sais qu'une voie
Qui puisse avec honneur nous donner cette joie.
Unissons-nous ensemble, et le tyran est bas :
Rome à ce grand dessein ouvrira tous ses bras.
Ainsi nous ferons voir l'amour de la patrie,
Pour qui vont les grands cœurs jusqu'à l'idolâtrie ;
Et nous épargnerons ces flots de sang romain
Que versent tous les ans votre bras et ma main.

POMPÉE.

Ce projet, qui pour vous est tout brillant de gloire,
N'auroit-il rien pour moi d'une action trop noire ?
Moi qui commande ailleurs, puis-je servir sous vous ?

SERTORIUS.

Du droit de commander je ne suis point jaloux ;
Je ne l'ai qu'en dépôt ; et je vous l'abandonne.
Non jusqu'à vous servir de ma seule personne,
Je prétends un peu plus : mais dans cette union
De votre lieutenant m'enviriez-vous le nom ?

POMPÉE.

De pareils lieutenants n'ont des chefs qu'en idée ;
Leur nom retient pour eux l'autorité cédée ;
Ils n'en quittent que l'ombre ; et l'on ne sait que c'est [22]
De suivre ou d'obéir que suivant qu'il leur plaît.
Je sais une autre voie, et plus noble, et plus sûre.
Sylla, si vous voulez, quitte sa dictature ;
Et déjà de lui-même il s'en seroit démis,
S'il voyoit qu'en ces lieux il n'eût plus d'ennemis.
Mettez les armes bas, je réponds de l'issue,
J'en donne ma parole après l'avoir reçue.
Si vous êtes Romain, prenez l'occasion.

SERTORIUS.

Je ne m'éblouis point de cette illusion.
Je connois le tyran, j'en vois le stratagème ;
Quoi qu'il semble promettre, il est toujours lui-même.
Vous qu'à sa défiance il a sacrifié [23]
Jusques à vous forcer d'être son allié....

POMPÉE.

Hélas ! ce mot me tue, et, je le dis sans feinte,
C'est l'unique sujet qu'il m'a donné de plainte :
J'aimois mon Aristie, il m'en vient d'arracher. [24]
Mon cœur frémit encore à me le reprocher :
Vers tant de biens perdus sans cesse il me rappelle ;
Et je vous rends, seigneur, mille graces pour elle,
A vous, à ce grand cœur dont la compassion
Daigne ici l'honorer de sa protection.

SERTORIUS.

Protéger hautement les vertus malheureuses, [25]
C'est le moindre devoir des ames généreuses :
Aussi fais-je encor plus, je lui donne un époux.

POMPÉE.

Un époux ! Dieux ! qu'entends-je ? Et qui, seigneur ?

SERTORIUS.

Moi.

POMPÉE.

Vous !

Seigneur, toute son ame est à moi dès l'enfance !
N'imitez point Sylla par cette violence ;
Mes maux sont assez grands, sans y joindre celui
De voir tout ce que j'aime entre les bras d'autrui.

SERTORIUS.

Tout est encore à vous.

SCÈNE III.

ARISTIE, SERTORIUS, POMPÉE.

SERTORIUS.

Venez, venez, madame,
Faire voir quel pouvoir j'usurpe sur votre ame,
Et montrer, s'il se peut, à tout le genre humain
La force qu'on vous fait pour me donner la main.

POMPÉE.

C'est elle-même, ô ciel !

SERTORIUS.

Je vous laisse avec elle,
Et sais que tout son cœur vous est encor fidèle.
Reprenez votre bien ; ou ne vous plaignez plus,
Si j'ose m'enrichir, seigneur, de vos refus.

SCÈNE IV.

POMPÉE, ARISTIE.

POMPÉE.

Me dit-on vrai, madame ? et seroit-il possible....

ARISTIE.

Oui, seigneur, il est vrai que j'ai le cœur sensible ;
Suivant qu'on m'aime ou hait, j'aime ou hais à mon tour,
Et ma gloire soutient ma haine et mon amour.
Mais si de mon amour elle est la souveraine,
Elle n'est pas toujours maîtresse de ma haine :
Je ne la suis pas même ; et je hais quelquefois,
Et moins que je ne veux, et moins que je ne dois.

POMPÉE.

Cette haine a pour moi toute son étendue,
Madame, et la pitié ne l'a point suspendue ;
La générosité n'a pu la modérer.

ARISTIE.

Vous ne voyez donc pas qu'elle a peine à durer ?
Mon feu, qui n'est éteint que parcequ'il doit l'être, [3]
Cherche en dépit de moi le vôtre pour renaître ;
Et je sens qu'à vos yeux mon courroux chancelant
Trébuche, perd sa force, et meurt en vous parlant.
M'aimeriez-vous encor, seigneur ?

POMPÉE.

                      Si je vous aime ! [4]
Demandez si je vis, ou si je suis moi-même.
Votre amour est ma vie, et ma vie est à vous.

ARISTIE.

Sortez de mon esprit, ressentiments jaloux : [5]
Noirs enfants du dépit, ennemis de ma gloire,
Tristes ressentiments, je ne veux plus vous croire.
Quoi qu'on m'ait fait d'outrage, il ne m'en souvient plus.
Plus de nouvel hymen, plus de Sertorius.
Je suis au grand Pompée ; et puisqu'il m'aime encore,
Puisqu'il me rend son cœur, de nouveau je l'adore.
Plus de Sertorius.... Mais, seigneur, répondez ;
Faites parler ce cœur qu'enfin vous me rendez.
Plus de Sertorius.... Hélas ! quoi que je die, [6]
Vous ne me dites point, seigneur, Plus d'Émilie.

Rentrez dans mon esprit, jaloux ressentiments,
Fiers enfants de l'honneur, nobles emportements :
C'est vous que je veux croire ; et Pompée infidèle
Ne sauroit plus souffrir que ma haine chancelle ;

Il l'affermit pour moi. Venez, Sertorius,
Il me rend toute à vous par ce muet refus.
Donnons ce grand témoin à ce grand hyménée ;
Son ame toute ailleurs n'en sera point gênée :
Il le verra sans peine, et cette dureté
Passera chez Sylla pour magnanimité.

POMPÉE.

Ce qu'il vous fait d'injure également m'outrage ; 7
Mais enfin je vous aime, et ne puis davantage.
Vous, si jamais ma flamme eut pour vous quelque appas,
Plaignez-vous, haïssez, mais ne vous donnez pas ;
Demeurez en état d'être toujours ma femme,
Gardez jusqu'au tombeau l'empire de mon ame.
Sylla n'a que son temps, il est vieil et cassé ;
Son règne passera, s'il n'est déjà passé ;
Ce grand pouvoir lui pèse, il s'apprête à le rendre.
Comme à Sertorius, je veux bien vous l'apprendre.
Ne vous jetez donc point, madame, en d'autres bras ;
Plaignez-vous, haïssez, mais ne vous donnez pas :
Si vous voulez ma main, n'engagez point la vôtre.

ARISTIE.

Mais quoi ! n'êtes-vous pas entre les bras d'une autre ?

POMPÉE.

Non, puisqu'il vous en faut confier le secret.
Émilie à Sylla n'obéit qu'à regret.
Des bras d'un autre époux ce tyran qui l'arrache
Ne rompt point dans son cœur le saint nœud qui l'attache ;
Elle porte en ses flancs un fruit de cet amour, 8
Que bientôt chez moi-même elle va mettre au jour ;
Et, dans ce triste état, sa main qu'il m'a donnée
N'a fait que l'éblouir par un feint hyménée,

Tandis que, tout entière à son cher Glabrion,
Elle paroît ma femme, et n'en a que le nom.

ARISTIE.

Et ce nom seul est tout pour celles de ma sorte.
Rendez-le-moi, seigneur, ce grand nom qu'elle porte. 9
   J'aimai votre tendresse et vos empressements :
Mais je suis au-dessus de ces attachements ;
Et tout me sera doux, si ma trame coupée
Me rend à mes aïeux en femme de Pompée,
Et que sur mon tombeau ce grand titre gravé
Montre à tout l'avenir que je l'ai conservé.
J'en fais toute ma gloire et toutes mes délices ;
Un moment de sa perte a pour moi des supplices.
Vengez-moi de Sylla qui me l'ôte aujourd'hui,
Ou souffrez qu'on me venge et de vous et de lui ;
Qu'un autre hymen me rende un titre qui l'égale ;
Qu'il me relève autant que Sylla me ravale :
Non que je puisse aimer aucun autre que vous ;
Mais pour venger ma gloire il me faut un époux, 10
Il m'en faut un illustre, et dont la renommée...

POMPÉE.

Ah ! ne vous lassez point d'aimer et d'être aimée. 11
Peut-être touchons-nous au moment désiré
Qui saura réunir ce qu'on a séparé.
Ayez plus de courage et moins d'impatience ; 12
Souffrez que Sylla meure, ou quitte sa puissance....

ARISTIE.

J'attendrai de sa mort ou de son repentir
Qu'à me rendre l'honneur vous daigniez consentir !
Et je verrai toujours votre cœur plein de glace,
Mon tyran impuni, ma rivale en ma place,

ACTE III, SCÈNE IV.

Jusqu'à ce qu'il renonce au pouvoir absolu,
Après l'avoir gardé tant qu'il l'aura voulu !

POMPÉE.

Mais tant qu'il pourra tout, que pourrai-je, madame ?

ARISTIE.

Suivre en tous lieux, seigneur, l'exil de votre femme,
La ramener chez vous avec vos légions,
Et rendre un heureux calme à nos divisions.
Que ne pourrez-vous point en tête d'une armée
Partout, hors de l'Espagne, à vaincre accoutumée ?
Et quand Sertorius sera joint avec nous,
Que pourra le tyran ? qu'osera son courroux ?

POMPÉE.

Ce n'est pas s'affranchir qu'un moment le paroître,
Ni secouer le joug que de changer de maître.
Sertorius pour vous est un illustre appui ;
Mais en faire le mien, c'est me ranger sous lui ;
Joindre nos étendards, c'est grossir son empire.
Perpenna qui l'a joint saura que vous en dire.
Je sers : mais jusqu'ici l'ordre vient de si loin,
Qu'avant qu'on le reçoive il n'en est plus besoin ;
Et ce peu que j'y rends de vaine déférence,
Jaloux du vrai pouvoir, ne sert qu'en apparence.
Je crois n'avoir plus même à servir qu'un moment ;
Et quand Sylla prépare un si doux changement,
Pouvez-vous m'ordonner de me bannir de Rome,
Pour la remettre au joug sous les lois d'un autre homme,
Moi qui ne suis jaloux de mon autorité
Que pour lui rendre un jour toute sa liberté ?
Non, non : si vous m'aimez, comme j'aime à le croire,
Vous saurez accorder votre amour et ma gloire,

Céder avec prudence au temps prêt à changer,
Et ne me perdre pas au lieu de vous venger.

ARISTIE.

Si vous m'avez aimée, et qu'il vous en souvienne,
Vous mettrez votre gloire à me rendre la mienne.
Mais il est temps qu'un mot termine ces débats.
Me voulez-vous, seigneur? ne me voulez-vous pas? [19]
Parlez, que votre choix règle ma destinée.
Suis-je encore à l'époux à qui l'on m'a donnée?
Suis-je à Sertorius? C'est assez consulté;
Rendez-moi mes liens, ou pleine liberté....

POMPÉE.

Je le vois bien, madame, il faut rompre la trève,
Pour briser en vainqueur cet hymen, s'il s'achève;
Et vous savez si peu l'art de vous secourir,
Que, pour vous en instruire, il faut vous conquérir.

ARISTIE.

Sertorius sait vaincre, et garder ses conquêtes. [20]

POMPÉE.

La vôtre à la garder coûtera bien des têtes;
Comme elle fermera la porte à tout accord,
Rien ne la peut jamais assurer, que ma mort.
Oui, j'en jure les dieux, s'il faut qu'il vous obtienne,
Rien ne peut empêcher sa perte, que la mienne;
Et peut-être tous deux, l'un par l'autre percés,
Nous vous ferons connoître à quoi vous nous forcez.

ARISTIE.

Je ne suis pas, seigneur, d'une telle importance.
D'autres soins éteindront cette ardeur de vengeance:
Ceux de vous agrandir vous porteront ailleurs,
Où vous pourrez trouver quelques destins

ACTE III, SCÈNE IV.

Ceux de servir Sylla, d'aimer son Émilie,
D'imprimer du respect à toute l'Italie,
De rendre à votre Rome un jour sa liberté,
Sauront tourner vos pas de quelque autre côté.
Surtout ce privilège acquis aux grandes ames
De changer à leur gré de maris et de femmes
Mérite qu'on l'étale au bout de l'univers,
Pour en donner l'exemple à cent climats divers.

POMPÉE.

Ah ! c'en est trop, madame ; et de nouveau je jure.... [21]

ARISTIE.

Seigneur, les vérités font-elles quelque injure ?

POMPÉE.

Vous oubliez trop tôt que je suis votre époux.

ARISTIE.

Ah ! si ce nom vous plaît, je suis encore à vous.
Voilà ma main, seigneur.

POMPÉE.

        Gardez-la-moi, madame.

ARISTIE.

Tandis que vous avez à Rome une autre femme !
Que par un autre hymen vous me déshonorez !
Me punissent les dieux que vous avez jurés, [22]
Si, passé ce moment, et hors de votre vue,
Je vous garde une foi que vous avez rompue !

POMPÉE.

Qu'allez-vous faire ? hélas !

ARISTIE.

Ce que vous m'enseignez.

POMPÉE.

Éteindre un tel amour !

ARISTIE.

Vous-même l'éteignez. 23

POMPÉE.

La victoire aura droit de le faire renaître.

ARISTIE.

Si ma haine est trop foible, elle la fera croître.

POMPÉE.

Pourrez-vous me haïr ?

ARISTIE.

J'en fais tous mes souhaits.

POMPÉE.

Adieu donc pour deux jours.

ARISTIE.

Adieu pour tout jamais. 24

FIN DU TROISIÈME ACTE.

ACTE QUATRIÈME.

SCÈNE I.

SERTORIUS, THAMIRE.

SERTORIUS.

Pourrai-je voir la reine ?

THAMIRE.

                Attendant qu'elle vienne,
Elle m'a commandé que je vous entretienne,
Et veut demeurer seule encor quelques moments.

SERTORIUS.

Ne m'apprendrez-vous point où vont ses sentiments,
Ce que doit Perpenna concevoir d'espérance ?

THAMIRE.

Elle ne m'en fait pas beaucoup de confidence ;
Mais j'ose présumer qu'offert de votre main
Il aura peu de peine à fléchir son dédain.
Vous pouvez tout sur elle.

SERTORIUS.

            Ah ! j'y puis peu de chose,
Si jusqu'à l'accepter mon malheur la dispose ;
Ou, pour en parler mieux, j'y puis trop, et trop peu.

THAMIRE.

Elle croit fort vous plaire en secondant son feu.

SERTORIUS.

Me plaire ?

THAMIRE.

Oui. Mais, seigneur, d'où vient cette surprise ?
Et de quoi s'inquiète un cœur qui la méprise ?

SERTORIUS.

N'appelez point mépris un violent respect
Que sur mes plus doux vœux fait régner son aspect.

THAMIRE.

Il est peu de respects qui ressemblent au vôtre,
S'il ne sait que trouver des raisons pour un autre ;
Et je préfèrerois un peu d'emportement [2]
Aux plus humbles devoirs d'un tel accablement.

SERTORIUS.

Il n'en est rien parti capable de me nuire,
Qu'un soupir échappé ne dût soudain détruire :
Mais la reine, sensible à de nouveaux désirs,
Entendoit mes raisons, et non pas mes soupirs.

THAMIRE.

Seigneur, quand un Romain, quand un héros soupire,
Nous n'entendons pas bien ce qu'un soupir veut dire ;
Et je vous servirois de meilleur truchement
Si vous vous expliquiez un peu plus clairement.
Je sais qu'en ce climat, que vous nommez barbare,
L'amour par un soupir quelquefois se déclare :
Mais la gloire, qui fait toutes vos passions,
Vous met trop au-dessus de ces impressions ;
De tels désirs, trop bas pour les grands cœurs de Rome...

SERTORIUS.

Ah ! pour être Romain, je n'en suis pas moins homme. [3]

ACTE IV, SCÈNE I.

J'aime, et peut-être plus qu'on n'a jamais aimé ; 4
Malgré mon âge et moi, mon cœur s'est enflammé.
J'ai cru pouvoir me vaincre, et toute mon adresse
Dans mes plus grands efforts m'a fait voir ma foiblesse ;
Ceux de la politique et ceux de l'amitié
M'ont mis en un état à me faire pitié.
Le souvenir m'en tue, et ma vie incertaine
Dépend d'un peu d'espoir que j'attends de la reine.
Si toutefois....

THAMIRE.

Seigneur, elle a de la bonté :
Mais je vois son esprit fortement irrité ;
Et si vous m'ordonnez de vous parler sans feindre,
Vous pouvez espérer, mais vous avez à craindre.
N'y perdez point de temps, et ne négligez rien ;
C'est peut-être un dessein mal fermé que le sien.
La voici. Profitez des avis qu'on vous donne, 5
Et gardez bien surtout qu'elle ne m'en soupçonne.

SCÈNE II.

VIRIATE, SERTORIUS, THAMIRE.

VIRIATE.

On m'a dit qu'Aristie a manqué son projet, 1
Et que Pompée échappe à cet illustre objet.
Seroit-il vrai, seigneur ?

SERTORIUS.

Il est trop vrai, madame ;
Mais, bien qu'il l'abandonne, il l'adore dans l'ame,
Et rompra, m'a-t-il dit, la trève dès demain,
S'il voit qu'elle s'apprête à me donner la main.

VIRIATE.

Vous vous alarmez peu d'une telle menace ?

SERTORIUS.

Ce n'est pas en effet ce qui plus m'embarrasse. ²
Mais vous, pour Perpenna qu'avez-vous résolu ?

VIRIATE.

D'obéir sans remise au pouvoir absolu ;
Et si d'une offre en l'air votre ame encor frappée
Veut bien s'embarrasser du rebut de Pompée,
Il ne tiendra qu'à vous que dès demain tous deux
De l'un et l'autre hymen nous n'assurions les nœuds ;
Dût se rompre la trêve, et dût la jalousie
Jusqu'au dernier éclat pousser sa frénésie.

SERTORIUS.

Vous pourrez dès demain....

VIRIATE.

Dès ce même moment.
Ce n'est pas obéir qu'obéir lentement ;
Et quand l'obéissance a de l'exactitude, ³
Elle voit que sa gloire est dans la promptitude.

SERTORIUS.

Mes prières pouvoient souffrir quelques refus.

VIRIATE.

Je les prendrai toujours pour ordres absolus.
Qui peut ce qui lui plaît commande alors qu'il prie.
D'ailleurs, Perpenna m'aime avec idolâtrie.
Tant d'amour, tant de rois d'où son sang est venu,
Le pouvoir souverain dont il est soutenu,
Valent bien tous ensemble un trône imaginaire
Qui ne peut subsister que par l'heur de vous plaire.

SERTORIUS.

Je n'ai donc qu'à mourir en faveur de ce choix : 4
J'en ai reçu la loi de votre propre voix ;
C'est un ordre absolu qu'il est temps que j'entende.
Pour aimer un Romain, vous voulez qu'il commande ;
Et comme Perpenna ne le peut sans ma mort,
Pour remplir votre trône il lui faut tout mon sort.
Lui donner votre main, c'est m'ordonner, madame,
De lui céder ma place au camp et dans votre ame.
Il est, il est trop juste, après un tel bonheur,
Qu'il l'ait dans notre armée, ainsi qu'en votre cœur.
J'obéis sans murmure, et veux bien que ma vie....

VIRIATE.

Avant que par cet ordre elle vous soit ravie,
Puis-je me plaindre à vous d'un retour inégal 5
Qui tient moins d'un ami qu'il ne fait d'un rival ?
Vous trouvez ma faveur et trop prompte et trop pleine !
L'hymen où je m'apprête est pour vous une gêne !
Vous m'en parlez enfin comme si vous m'aimiez ! 6

SERTORIUS.

Souffrez, après ce mot, que je meure à vos pieds. 7
J'y veux bien immoler tout mon bonheur au vôtre ;
Mais je ne vous puis voir entre les bras d'un autre ;
Et c'est assez vous dire à quelle extrémité
Me réduit un amour que j'ai mal écouté.
Bien qu'un si digne objet le rendît excusable,
J'ai cru honteux d'aimer quand on n'est plus aimable ;
J'ai voulu m'en défendre à voir mes cheveux gris,
Et me suis répondu long-temps de vos mépris.
Mais j'ai vu dans votre ame ensuite une autre idée,
Sur qui mon espérance aussitôt s'est fondée ;

Et je me suis promis bien plus qu'à tous vos rois,
Quand j'ai vu que l'amour n'en feroit point le choix.
J'allois me déclarer sans l'offre d'Aristie :
Non que ma passion s'en soit vue alentie ;
Mais je n'ai point douté qu'il ne fût d'un grand cœur
De tout sacrifier pour le commun bonheur.
L'amour de Perpenna s'est joint à ces pensées :
Vous avez vu le reste, et mes raisons forcées.
Je m'étois figuré que de tels déplaisirs
Pourroient ne me coûter que deux ou trois soupirs ;
Et, pour m'en consoler, j'envisageois l'estime
Et d'ami généreux et de chef magnanime :
Mais, près d'un coup fatal, je sens par mes ennuis
Que je me promettois bien plus que je ne puis.
Je me rends donc, madame ; ordonnez de ma vie ;
Encor tout de nouveau je vous la sacrifie.
Aimez-vous Perpenna ?

VIRIATE.

Je sais vous obéir,
Mais je ne sais que c'est d'aimer ni de haïr ;
Et la part que tantôt vous aviez dans mon ame
Fut un don de ma gloire, et non pas de ma flamme.
Je n'en ai point pour lui, je n'en eus point pour vous ;
Je ne veux point d'amant, mais je veux un époux ;
Mais je veux un héros qui par son hyménée
Sache élever si haut le trône où je suis née,
Qu'il puisse de l'Espagne être l'heureux soutien,
Et laisser de vrais rois de mon sang et du sien.
Je le trouvois en vous, n'eût été la bassesse
Qui pour ce cher rival contre moi s'intéresse,
Et dont, quand je vous mets au-dessus de cent rois,
Une répudiée a mérité le choix.

ACTE IV, SCÈNE II.

Je l'oublîrai pourtant, et veux vous faire grace.
M'aimez-vous ?

SERTORIUS.

Oserois-je en prendre encor l'audace ?

VIRIATE.

Prenez-la, j'y consens, seigneur ; et dès demain,
Au lieu de Perpenna, donnez-moi votre main.

SERTORIUS.

Que se tiendroit heureux un amour moins sincère ?
Qui n'auroit autre but que de se satisfaire,
Et qui se rempliroit de sa félicité
Sans prendre aucun souci de votre dignité !
Mais quand vous oubliez ce que j'ai pu vous dire,
Puis-je oublier les soins d'agrandir votre empire,
Que votre grand projet est celui de régner ?

VIRIATE.

Seigneur, vous faire grace, est-ce m'en éloigner ?

SERTORIUS.

Ah ! madame, est-il temps que cette grace éclate ?

VIRIATE.

C'est cet éclat, seigneur, que cherche Viriate.

SERTORIUS.

Nous perdons tout, madame, à le précipiter.
L'amour de Perpenna le fera révolter ;
Souffrez qu'un peu de temps doucement le ménage,
Qu'auprès d'un autre objet un autre amour l'engage :
Des amis d'Aristie assurons le secours
A force de promettre, en différant toujours.
Détruire tout l'espoir qui les tient en haleine,
C'est les perdre, c'est mettre un jaloux hors de peine,

Dont l'esprit ébranlé ne se doit pas guérir
De cette impression qui peut nous l'acquérir.
Pourrions-nous venger Rome après de telles pertes ?
Pourrions-nous l'affranchir des misères souffertes ?
Et de ses intérêts un si haut abandon....

VIRIATE.

Et que m'importe à moi si Rome souffre ou non ?
Quand j'aurai de ses maux effacé l'infamie,
J'en obtiendrai pour fruit le nom de son amie !
Je vous verrai consul m'en apporter les lois,
Et m'abaisser vous-même au rang des autres rois !
Si vous m'aimez, seigneur, nos mers et nos montagnes
Doivent borner vos vœux, ainsi que nos Espagnes :
Nous pouvons nous y faire un assez beau destin,
Sans chercher d'autre gloire au pied de l'Aventin.
Affranchissons le Tage, et laissons faire au Tibre.
La liberté n'est rien quand tout le monde est libre ;
Mais il est beau de l'être, et voir tout l'univers
Soupirer sous le joug, et gémir dans les fers ;
Il est beau d'étaler cette prérogative
Aux yeux du Rhône esclave et de Rome captive,
Et de voir envier aux peuples abattus
Ce respect que le sort garde pour les vertus.

Quant au grand Perpenna, s'il est si redoutable,
Remettez-moi le soin de le rendre traitable :
Je sais l'art d'empêcher les grands cœurs de faillir.

SERTORIUS.

Mais quel fruit pensez-vous en pouvoir recueillir ?
Je le sais comme vous, et vois quelles tempêtes
Cet ordre surprenant formera sur nos têtes.
Ne cherchons point, madame, à faire des mutins,
Et ne nous brouillons point avec nos bons destins.

ACTE IV, SCÈNE II.

Rome nous donnera sans eux assez de peine,
Avant que de souscrire à l'hymen d'une reine ;
Et nous n'en fléchirons jamais la dureté,
A moins qu'elle nous doive et gloire et liberté.

VIRIATE.

Je vous avoûrai plus, seigneur : loin d'y souscrire,
Elle en prendra pour vous une haine où j'aspire, [12]
Un courroux implacable, un orgueil endurci ;
Et c'est par où je veux vous arrêter ici.
Qu'ai-je à faire dans Rome ? et pourquoi, je vous prie....

SERTORIUS.

Mais nos Romains, madame, aiment tous leur patrie ; [13]
Et de tous leurs travaux l'unique et doux espoir,
C'est de vaincre bientôt assez pour la revoir.

VIRIATE.

Pour les enchaîner tous sur les rives du Tage,
Nous n'avons qu'à laisser Rome dans l'esclavage :
Ils aimeront à vivre et sous vous et sous moi,
Tant qu'ils n'auront qu'un choix, d'un tyran, ou d'un roi.

SERTORIUS.

Ils ont pour l'un et l'autre une pareille haine,
Et n'obéiront point au mari d'une reine.

VIRIATE.

Qu'ils aillent donc chercher des climats à leur choix,
Où le gouvernement n'ait ni tyrans ni rois.
Nos Espagnols, formés à votre art militaire,
Achèveront sans eux ce qui nous reste à faire.
   La perte de Sylla n'est pas ce que je veux ; [14]
Rome attire encor moins la fierté de mes vœux :
L'hymen où je prétends ne peut trouver d'amorces
Au milieu d'une ville où règnent les divorces ;

Et du haut de mon trône on ne voit point d'attraits
Où l'on n'est roi qu'un an, pour n'être rien après.
Enfin, pour achever, j'ai fait pour vous plus qu'elle :
Elle vous a banni, j'ai pris votre querelle ;
Je conserve des jours qu'elle veut vous ravir.
Prenez le diadème, et laissez-la servir.
Il est beau de tenter des choses inouïes,
Dût-on voir par l'effet ses volontés trahies.
Pour moi, d'un grand Romain je veux faire un grand roi ;
Vous, s'il y faut périr, périssez avec moi :
C'est gloire de se perdre en servant ce qu'on aime.

SERTORIUS.

Mais porter dès l'abord les choses à l'extrême,
Madame, et sans besoin faire des mécontents !
Soyons heureux plus tard pour l'être plus long-temps.
Une victoire ou deux jointes à quelque adresse....

VIRIATE.

Vous savez que l'amour n'est pas ce qui me presse,
Seigneur. Mais, après tout, il faut le confesser,
Tant de précaution commence à me lasser.
Je suis reine ; et qui sait porter une couronne,
Quand il a prononcé, n'aime point qu'on raisonne.
Je vais penser à moi, vous penserez à vous.

SERTORIUS.

Ah ! si vous écoutez cet injuste courroux...

VIRIATE.

Je n'en ai point, seigneur ; mais mon inquiétude
Ne veut plus dans mon sort aucune incertitude :
Vous me direz demain où je dois l'arrêter.
Cependant je vous laisse avec qui consulter.

SCÈNE III.

SERTORIUS, PERPENNA, AUFIDE.

PERPENNA, à Aufide.

Dieux ! qui peut faire ainsi disparoître la reine ?

AUFIDE, à Perpenna.

Lui-même a quelque chose en l'ame qui le gêne,
Seigneur ; et notre abord le rend tout interdit.

SERTORIUS.

De Pompée en ces lieux savez-vous ce qu'on dit ?
L'avez-vous mis fort loin au-delà de la porte ?

PERPENNA.

Comme assez près des murs il avoit son escorte,
Je me suis dispensé de le mettre plus loin.
Mais de votre secours, seigneur, j'ai grand besoin.
Tout son visage montre une fierté si haute....

SERTORIUS.

Nous n'avons rien conclu, mais ce n'est pas ma faute ;
Et vous savez....

PERPENNA.

Je sais qu'en de pareils débats....

SERTORIUS.

Je n'ai point cru devoir mettre les armes bas ;
Il n'est pas encor temps.

PERPENNA.

Continuez, de grace ;
Il n'est pas encor temps que l'amitié se lasse.

SERTORIUS.

Votre intérêt m'arrête autant comme le mien :
Si je m'en trouvois mal, vous ne seriez pas bien.

PERPENNA.

De vrai, sans votre appui je serois fort à plaindre ;
Mais je ne vois pour vous aucun sujet de craindre.

SERTORIUS.

Je serois le premier dont on seroit jaloux ;
Mais ensuite le sort pourroit tomber sur vous.
Le tyran après moi vous craint plus qu'aucun autre,
Et ma tête abattue ébranleroit la vôtre.
Nous ferons bien tous deux d'attendre plus d'un an.

PERPENNA.

Que parlez-vous, seigneur, de tête et de tyran ?

SERTORIUS.

Je parle de Sylla, vous le devez connoître.

PERPENNA.

Et je parlois des feux que la reine a fait naître.

SERTORIUS.

Nos esprits étoient donc également distraits :
Tout le mien s'attachoit aux périls de la paix ;
Et je vous demandois quel bruit fait par la ville [2]
De Pompée et de moi l'entretien inutile.
Vous le saurez, Aufide ?

AUFIDE.

A ne rien déguiser,
Seigneur, ceux de sa suite en ont su mal user ; [3]
J'en crains parmi le peuple un insolent murmure :
Ils ont dit que Sylla quitte sa dictature,
Que vous seul refusez les douceurs de la paix,
Et voulez une guerre à ne finir jamais.

Déjà de nos soldats l'ame préoccupée
Montre un peu trop de joie à parler de Pompée ;
Et si l'erreur s'épand jusqu'en nos garnisons,
Elle y pourra semer de dangereux poisons.

SERTORIUS.

Nous en romprons le coup avant qu'elle grossisse,
Et ferons par nos soins avorter l'artifice.
D'autres plus grands périls le ciel m'a garanti.

PERPENNA.

Ne ferions-nous pas mieux d'accepter le parti,
Seigneur ? trouvez-vous l'offre ou honteuse ou mal sûre ?

SERTORIUS.

Sylla peut en effet quitter sa dictature ;
Mais il peut faire aussi des consuls à son choix,
De qui la pourpre esclave agira sous ses lois ;
Et quand nous n'en craindrons aucuns ordres sinistres,
Nous périrons par ceux de ses lâches ministres.
Croyez-moi, pour des gens comme vous deux et moi, 4
Rien n'est si dangereux que trop de bonne foi.
Sylla par politique a pris cette mesure 5
De montrer aux soldats l'impunité fort sûre ;
Mais pour Cinna, Carbon, le jeune Marius,
Il a voulu leur tête, et les a tous perdus.
Pour moi, que tout mon camp sur ce bruit m'abandonne;
Qu'il ne reste pour moi que ma seule personne,
Je me perdrai plutôt dans quelque affreux climat,
Qu'aller, tant qu'il vivra, briguer le consulat.
Vous...

PERPENNA.

    Ce n'est pas, seigneur, ce qui me tient en peine.
Exclus du consulat par l'hymen d'une reine,

Du moins si vos bontés m'obtiennent ce bonheur,
Je n'attends plus de Rome aucun degré d'honneur ;
Et banni pour jamais dans la Lusitanie,
J'y crois en sûreté les restes de ma vie.

SERTORIUS.

Oui ; mais je ne vois pas encor de sûreté
A ce que vous et moi nous avions concerté.
Vous savez que la reine est d'une humeur si fière....
Mais peut-être le temps la rendra moins altière.
Adieu : dispensez-moi de parler là-dessus.

PERPENNA.

Parlez, seigneur : mes vœux sont-ils si mal reçus ?
Est-ce en vain que je l'aime, en vain que je soupire ?

SERTORIUS.

Sa retraite a plus dit que je ne puis vous dire.

PERPENNA.

Elle m'a dit beaucoup : mais, seigneur, achevez,
Et ne me cachez point ce que vous en savez.
Ne m'auriez-vous rempli que d'un espoir frivole ?

SERTORIUS.

Non, je vous l'ai cédée, et vous tiendrai parole.
Je l'aime, et vous la donne encor malgré mon feu ;
Mais je crains que ce don n'ait jamais son aveu,
Qu'il n'attire sur nous d'impitoyables haines.
Que vous dirai-je enfin ? L'Espagne a d'autres reines ;
Et vous pourriez vous faire un destin bien plus doux,
Si vous faisiez pour moi ce que je fais pour vous.
Celle des Vacéens, celle des Ilergètes, [6]
Rendroient vos volontés bien plus tôt satisfaites ;
La reine avec chaleur sauroit vous y servir.

ACTE IV, SCÈNE III.

PERPENNA.

Vous me l'avez promise, et me l'allez ravir !

SERTORIUS.

Que sert que je promette et que je vous la donne,
Quand son ambition l'attache à ma personne ?
Vous savez les raisons de cet attachement,
Je vous en ai tantôt parlé confidemment ;
Je vous en fais encor la même confidence.
Faites à votre amour un peu de violence ;
J'ai triomphé du mien ; j'y suis encor tout prêt :
Mais, s'il faut du parti ménager l'intérêt,
Faut-il pousser à bout une reine obstinée,
Qui veut faire à son choix toute sa destinée,
Et de qui le secours, depuis plus de dix ans,
Nous a mieux soutenus que tous nos partisans ?

PERPENNA.

La trouvez-vous, seigneur, en état de vous nuire ?

SERTORIUS.

Non, elle ne peut pas tout-à-fait nous détruire ;
Mais si vous m'enchaînez à ce que j'ai promis,
Dès demain elle traite avec nos ennemis.
Leur camp n'est que trop proche ; ici chacun murmure ;
Jugez ce qu'il faut craindre en cette conjoncture ;
Voyez quel prompt remède on y peut apporter, 7
Et quel fruit nous aurons de la violenter.

PERPENNA.

C'est à moi de me vaincre, et la raison l'ordonne :
Mais d'un si grand dessein tout mon cœur qui frissonne....

SERTORIUS.

Ne vous contraignez point ; dût m'en coûter le jour,
Je tiendrai ma promesse en dépit de l'amour.

PERPENNA.

Si vos promesses n'ont l'aveu de Viriate....

SERTORIUS.

Je ne puis de sa part rien dire qui vous flatte.

PERPENNA.

Je dois donc me contraindre, et j'y suis résolu.
Oui, sur tous mes désirs je me rends absolu ;
J'en veux, à votre exemple, être aujourd'hui le maître ;
Et, malgré cet amour que j'ai laissé trop croître,
Vous direz à la reine....

SERTORIUS.

   Eh bien, je lui dirai ?

PERPENNA.

Rien, seigneur, rien encor ; demain j'y penserai.
Toutefois la colère où s'emporte son ame
Pourroit dès cette nuit commencer quelque trame.
Vous lui direz, seigneur, tout ce que vous voudrez ;
Et je suivrai l'avis que pour moi vous prendrez.

SERTORIUS.

Je vous admire et plains.

PERPENNA.

   Que j'ai l'ame accablée !

SERTORIUS.

Je partage les maux dont je la vois comblée.
Adieu : j'entre un moment pour calmer son chagrin, [8]
Et me rendrai chez vous à l'heure du festin.

SCÈNE IV.

PERPENNA, AUFIDE.

AUFIDE.

Ce maître si chéri fait pour vous des merveilles ! [1]
Votre flamme en reçoit des faveurs sans pareilles !
Son nom seul, malgré lui, vous avoit tout volé,
Et la reine se rend sitôt qu'il a parlé !
Quels services faut-il que votre espoir hasarde [2]
Afin de mériter l'amour qu'elle vous garde ?
Et dans quel temps, seigneur, purgerez-vous ces lieux
De cet illustre objet qui lui blesse les yeux ?
Elle n'est point ingrate ; et les lois qu'elle impose
Pour se faire obéir promettent peu de chose ;
Mais on n'a qu'à laisser le salaire à son choix,
Et courir sans scrupule exécuter ses lois.
Vous ne me dites rien ? Apprenez-moi de grace
Comment vous résolvez que le festin se passe.
Dissimulerez-vous ce manquement de foi ?
Et voulez-vous....

PERPENNA.

Allons en résoudre chez moi. [3]

FIN DU QUATRIÈME ACTE.

ACTE CINQUIÈME.
SCÈNE I.
ARISTIE, VIRIATE.

ARISTIE.

Oui, madame, j'en suis comme vous ennemie : [1]
Vous aimez les grandeurs, et je hais l'infamie.
Je cherche à me venger; vous, à vous établir :
Mais vous pourrez me perdre, et moi vous affoiblir,
Si le cœur mieux ouvert ne met d'intelligence
Votre établissement avecque ma vengeance.
On m'a volé Pompée; et moi, pour le braver,
Cet ingrat que sa foi n'ose me conserver,
Je cherche un autre époux qui le passe, ou l'égale :
Mais je n'ai pas dessein d'être votre rivale,
Et n'ai point dû prévoir, ni que vers un Romain
Une reine jamais daignât pencher sa main,
Ni qu'un héros dont l'ame a paru si romaine
Démentît ce grand nom par l'hymen d'une reine.
J'ai cru dans sa naissance et votre dignité
Pareille aversion et contraire fierté.
Cependant on me dit qu'il consent l'hyménée,
Et qu'en vain il s'oppose au choix de la journée,
Puisque, si dès demain il n'a tout son éclat,
Vous allez du parti séparer votre état.
Comme je n'ai pour but que d'en grossir les forces,
J'aurois grand déplaisir d'y causer des divorces,

Et de servir Sylla mieux que tous ses amis,
Quand je lui veux partout faire des ennemis.
Parlez donc : quelque espoir que vous m'ayez vu prendre,
Si vous y prétendez, je cesse d'y prétendre.
Un reste d'autre espoir, et plus juste, et plus doux,
Saura voir sans chagrin Sertorius à vous.
Mon cœur veut à toute heure immoler à Pompée
Tous les ressentiments de ma place usurpée ;
Et comme son amour eut peine à me trahir,
J'ai voulu me venger, et n'ai pu le haïr.
Ne me déguisez rien, non plus que je déguise.

VIRIATE.

Viriate à son tour vous doit même franchise,
Madame ; et d'ailleurs même on vous en a trop dit,
Pour vous dissimuler ce que j'ai dans l'esprit.
    J'ai fait venir exprès Sertorius d'Afrique
Pour sauver mes états d'un pouvoir tyrannique ;
Et mes voisins domtés m'apprenoient que sans lui
Nos rois contre Sylla n'étoient qu'un vain appui.
Avec un seul vaisseau ce grand héros prit terre ; [2]
Avec mes sujets seuls il commença la guerre :
Je mis entre ses mains mes places et mes ports,
Et je lui confiai mon sceptre et mes trésors.
Dès l'abord il sut vaincre, et j'ai vu la victoire
Enfler de jour en jour sa puissance et sa gloire.
Nos rois lassés du joug, et vos persécutés,
Avec tant de chaleur l'ont joint de tous côtés,
Qu'enfin il a poussé nos armes fortunées
Jusques à vous réduire au pied des Pyrénées.
Mais, après l'avoir mis au point où je le voi,
Je ne puis voir que lui qui soit digne de moi ;

Et regardant sa gloire ainsi que mon ouvrage,
Je périrai plutôt qu'une autre la partage.
Mes sujets valent bien que j'aime à leur donner
Des monarques d'un sang qui sache gouverner,
Qui sache faire tête à vos tyrans du monde,
Et rendre notre Espagne en lauriers si féconde,
Qu'on voie un jour le Pô redouter ses efforts,
Et le Tibre lui-même en trembler pour ses bords.

ARISTIE.

Votre dessein est grand ; mais à quoi qu'il aspire....

VIRIATE.

Il m'a dit les raisons que vous me voulez dire.
Je sais qu'il seroit bon de taire et différer
Ce glorieux hymen qu'il me fait espérer :
Mais la paix qu'aujourd'hui l'on offre à ce grand homme
Ouvre trop les chemins et les portes de Rome.
Je vois que, s'il y rentre, il est perdu pour moi,
Et je l'en veux bannir par le don de ma foi.
Si je hasarde trop de m'être déclarée,
J'aime mieux ce péril que ma perte assurée ;
Et si tous vos proscrits osent s'en désunir,
Nos bons destins sans eux pourront nous soutenir.
Mes peuples, aguerris sous votre discipline,
N'auront jamais au cœur de Rome qui domine ;
Et ce sont des Romains dont l'unique souci
Est de combattre, vaincre, et triompher ici.
Tant qu'ils verront marcher ce héros à leur tête,
Ils iront sans frayeur de conquête en conquête.
Un exemple si grand dignement soutenu
Saura.... Mais que nous veut ce Romain inconnu ? [3]

SCÈNE II.

ARISTIE, VIRIATE, ARCAS.

ARISTIE.

Madame, c'est Arcas, l'affranchi de mon frère ;
Sa venue en ces lieux cache quelque mystère.
Parle, Arcas, et dis-nous....

ARCAS.

Ces lettres mieux que moi [1]
Vous diront un succès qu'à peine encor je croi.

ARISTIE lit.

« Chère sœur, pour ta joie il est temps que tu saches
Que nos maux et les tiens vont finir en effet.
Sylla marche en public sans faisceaux et sans haches,
Prêt à rendre raison de tout ce qu'il a fait.
  Il s'est en plein sénat démis de sa puissance ;
Et si vers toi Pompée a le moindre penchant,
Le ciel vient de briser sa nouvelle alliance,
Et la triste Émilie est morte en accouchant.
  Sylla même consent, pour calmer tant de haines,
Qu'un feu qui fut si beau rentre en sa dignité,
Et que l'hymen te rende à tes premières chaînes,
En même temps qu'à Rome il rend sa liberté.

QUINTUS ARISTIUS. »

Le ciel s'est donc lassé de m'être impitoyable !
Ce bonheur, comme à toi, me paroît incroyable.
Cours au camp de Pompée, et dis-lui, cher Arcas....

ARCAS.

Il a cette nouvelle, et revient sur ses pas.

De la part de Sylla chargé de lui remettre
Sur ce grand changement une pareille lettre,
A deux milles d'ici j'ai su le rencontrer. ²

ARISTIE.

Quel amour, quelle joie a-t-il daigné montrer?
Que dit-il? que fait-il?

ARCAS.

    Par votre expérience
Vous pouvez bien juger de son impatience;
Mais rappelé vers vous par un transport d'amour
Qui ne lui permet pas d'achever son retour,
L'ordre que pour son camp ce grand effet demande ³
L'arrête à le donner, attendant qu'il s'y rende.
Il me suivra de près, et m'a fait avancer
Pour vous dire un miracle où vous n'osiez penser.

ARISTIE.

Vous avez lieu d'en prendre une alégresse égale,
Madame; vous voilà sans crainte et sans rivale.

VIRIATE.

Je n'en ai plus en vous, et je n'en puis douter;
Mais il m'en reste une autre, et plus à redouter,
Rome, que ce héros aime plus que lui-même,
Et qu'il préfèreroit sans doute au diadème,
Si contre cet amour....

SCÈNE III.¹

VIRIATE, ARISTIE, THAMIRE, ARCAS.

THAMIRE.

  Ah madame!

VIRIATE.

Qu'as-tu,[2]
Thamire? et d'où te vient ce visage abattu?
Que nous disent tes pleurs?

THAMIRE.

Que vous êtes perdue,
Que cet illustre bras qui vous a défendue....

VIRIATE.

Sertorius?

THAMIRE.

Hélas! ce grand Sertorius....

VIRIATE.

N'achèveras-tu point?

THAMIRE.

Madame, il ne vit plus.

VIRIATE.

Il ne vit plus, ô ciel! Qui te l'a dit, Thamire?

THAMIRE.

Ses assassins font gloire eux-mêmes de le dire;
Ces tigres, dont la rage, au milieu du festin,
Par l'ordre d'un perfide a tranché son destin,
Tout couverts de son sang, courent parmi la ville
Émouvoir les soldats et le peuple imbécile;
Et Perpenna par eux proclamé général
Ne vous fait que trop voir d'où part ce coup fatal.

VIRIATE.

Il m'en fait voir ensemble et l'auteur et la cause.
Par cet assassinat c'est de moi qu'on dispose;
C'est mon trône, c'est moi qu'on prétend conquérir;
Et c'est mon juste choix qui seul l'a fait périr.

Madame, après sa perte, et parmi ces alarmes,
N'attendez point de moi de soupirs ni de larmes, ³
Ce sont amusements que dédaigne aisément ⁴
Le prompt et noble orgueil d'un vif ressentiment :
Qui pleure l'affoiblit, qui soupire l'exhale.
Il faut plus de fierté dans une ame royale ;
Et ma douleur, soumise aux soins de le venger....

ARISTIE.

Mais vous vous aveuglez au milieu du danger :
Songez à fuir, madame.

THAMIRE.

     Il n'est plus temps : Aufide,
Des portes du palais saisi pour ce perfide,
En fait votre prison, et lui répond de vous.
Il vient, dissimulez un si juste courroux ;
Et jusqu'à ce qu'un temps plus favorable arrive, ⁵
Daignez vous souvenir que vous êtes captive.

VIRIATE.

Je sais ce que je suis, et le serai toujours,
N'eussé-je que le ciel et moi pour mon secours.

SCÈNE IV.

PERPENNA, ARISTIE, VIRIATE, THAMIRE,
ARCAS.

PERPENNA, à Viriate.

SERTORIUS est mort ; cessez d'être jalouse, ¹
Madame, du haut rang qu'auroit pris son épouse ;
Et n'appréhendez plus, comme de son vivant,
Qu'en vos propres états elle ait le pas devant.

Si l'espoir d'Aristie a fait ombrage au vôtre,
Je puis vous assurer et d'elle et de tout autre,
Et que ce coup heureux saura vous maintenir ²
Et contre le présent et contre l'avenir.
C'étoit un grand guerrier, mais dont le sang ni l'âge
Ne pouvoient avec vous faire un digne assemblage;
Et, malgré ces défauts, ce qui vous en plaisoit,
C'étoit sa dignité qui vous tyrannisoit.
Le nom de général vous le rendoit aimable;
A vos rois, à moi-même il étoit préférable :
Vous vous éblouissiez du titre et de l'emploi;
Et je viens vous offrir et l'un et l'autre en moi,
Avec des qualités où votre ame hautaine
Trouvera mieux de quoi mériter une reine.
Un Romain qui commande, et sort du sang des rois,
(Je laisse l'âge à part) peut espérer son choix,
Surtout quand d'un affront son amour l'a vengée,
Et que d'un choix abject son bras l'a dégagée.

ARISTIE.

Après t'être immolé chez toi ton général,
Toi, que faisoit trembler l'ombre d'un tel rival,
Lâche, tu viens ici braver encor des femmes, ³
Vanter insolemment tes détestables flammes,
T'emparer d'une reine en son propre palais,
Et demander sa main pour prix de tes forfaits !
Crains les dieux, scélérat; crains les dieux, ou Pompée;
Crains leur haine, ou son bras, leur foudre, ou son épée;
Et, quelque noir orgueil qui te puisse aveugler,
Apprends qu'il m'aime encore; et commence à trembler.
Tu le verras, méchant, plus tôt que tu ne penses;
Attends, attends de lui tes dignes récompenses.

PERPENNA.

S'il en croit votre ardeur, je suis sûr du trépas ;
Mais peut-être, madame, il ne l'en croira pas ;
Et quand il me verra commander une armée
Contre lui tant de fois à vaincre accoutumée,
Il se rendra facile à conclure une paix
Qui faisoit dès tantôt ses plus ardents souhaits.
J'ai même entre mes mains un assez bon otage,
Pour faire mes traités avec quelque avantage.
Cependant vous pourriez, pour votre heur et le mien, 4
Ne parler pas si haut à qui ne vous dit rien :
Ces menaces en l'air vous donnent trop de peine.
Après ce que j'ai fait, laissez faire la reine ;
Et, sans blâmer des vœux qui ne vont point à vous,
Songez à regagner le cœur de votre époux.

VIRIATE.

Oui, madame, en effet c'est à moi de répondre ;
Et mon silence ingrat a droit de me confondre. 5
Ce généreux exploit, ces nobles sentiments,
Méritent de ma part de hauts remercîments ;
Les différer encor, c'est lui faire injustice.
  Il m'a rendu sans doute un signalé service ;
Mais il n'en sait encor la grandeur qu'à demi.
Le grand Sertorius fut son parfait ami.
Apprenez-le, seigneur, (car je me persuade
Que nous devons ce titre à votre nouveau grade ;
Et pour le peu de temps qu'il pourra vous durer,
Il me coûtera peu de vous le déférer :)
Sachez donc que pour vous il osa me déplaire,
Ce héros ; qu'il osa mériter ma colère ;
Que malgré son amour, que malgré mon courroux,
Il a fait ses efforts pour me donner à vous ;

Et qu'à moins qu'il vous plût lui rendre sa parole,
Tout mon dessein n'étoit qu'une attente frivole; 6
Qu'il s'obstinoit pour vous au refus de ma main.

ARISTIE.

Et tu peux lui plonger un poignard dans le sein !
Et ton bras....

VIRIATE.

Permettez, madame, que j'estime
La grandeur de l'amour par la grandeur du crime.
Chez lui-même, à sa table, au milieu d'un festin,
D'un si parfait ami devenir l'assassin,
Et de son général se faire un sacrifice,
Lorsque son amitié lui rend un tel service ;
Renoncer à la gloire, accepter pour jamais
L'infamie et l'horreur qui suit les grands forfaits ;
Jusqu'en mon cabinet porter sa violence,
Pour obtenir ma main m'y tenir sans défense ;
Tout cela d'autant plus fait voir ce que je doi
A cet excès d'amour qu'il daigne avoir pour moi ;
Tout cela montre une ame au dernier point charmée :
Il seroit moins coupable à m'avoir moins aimée ;
Et comme je n'ai point les sentiments ingrats,
Je lui veux conseiller de ne m'épouser pas.
Ce seroit en son lit mettre son ennemie,
Pour être à tous moments maîtresse de sa vie ;
Et je me résoudrois à cet excès d'honneur, 7
Pour mieux choisir la place à lui percer le cœur.
Seigneur, voilà l'effet de ma reconnoissance.
Du reste, ma personne est en votre puissance ;
Vous êtes maître ici, commandez, disposez,
Et recevez enfin ma main, si vous l'osez.

PERPENNA.

Moi! si je l'oserai? Vos conseils magnanimes 8
Pouvoient perdre moins d'art à m'étaler mes crimes :
J'en connois mieux que vous toute l'énormité,
Et pour la bien connoître ils m'ont assez coûté.
On ne s'attache point sans un remords bien rude
A tant de perfidie et tant d'ingratitude :
Pour vous je l'ai dompté, pour vous je l'ai détruit;
J'en ai l'ignominie, et j'en aurai le fruit.
Menacez mes forfaits, et proscrivez ma tête;
De ces mêmes forfaits vous serez la conquête;
Et n'eût tout mon bonheur que deux jours à durer,
Vous n'avez dès demain qu'à vous y préparer.
J'accepte votre haine, et l'ai bien méritée;
J'en ai prévu la suite, et j'en sais la portée.
Mon triomphe....

SCÈNE V.

PERPENNA, ARISTIE, VIRIATE, AUFIDE, ARCAS, THAMIRE,

AUFIDE.

Seigneur, Pompée est arrivé, 1
Nos soldats mutinés, le peuple soulevé.
La porte s'est ouverte à son nom, à son ombre.
Nous n'avons point d'amis qui ne cèdent au nombre :
Antoine et Maulius, déchirés par morceaux,
Tout morts et tout sanglants ont encor des bourreaux.
On cherche avec chaleur le reste des complices,
Que lui-même il destine à de pareils supplices.

Je défendois mon poste, il l'a soudain forcé,
Et de sa propre main vous me voyez percé ;
Maître absolu de tout, il change ici la garde.
Pensez à vous, je meurs ; la suite vous regarde.

ARISTIE.

Pour quelle heure, seigneur, faut-il se préparer ?
A ce rare bonheur qu'il vient vous assurer ?
Avez-vous en vos mains un assez bon otage
Pour faire vos traités avec grand avantage ?

PERPENNA.

C'est prendre en ma faveur un peu trop de souci,
Madame ; et j'ai de quoi le satisfaire ici.

SCÈNE VI.

POMPÉE, PERPENNA, VIRIATE, ARISTIE, CELSUS, ARCAS, THAMIRE.

PERPENNA.

Seigneur, vous aurez su ce que je viens de faire.
Je vous ai de la paix immolé l'adversaire,
L'amant de votre femme, et ce rival fameux
Qui s'opposoit partout au succès de vos vœux.
Je vous rends Aristie, et finis cette crainte [1]
Dont votre ame tantôt se montroit trop atteinte ;
Et je vous affranchis de ce jaloux ennui
Qui ne pouvoit la voir entre les bras d'autrui.
Je fais plus ; je vous livre une fière ennemie [2]
Avec tout son orgueil et sa Lusitanie ;
Je vous en ai fait maître, et de tous ces Romains
Que déjà leur bonheur a remis en vos mains.

Comme en un grand dessein, et qui veut promptitude,
On ne s'explique pas avec la multitude,
Je n'ai point cru, seigneur, devoir apprendre à tous
Celui d'aller demain me rendre auprès de vous ;
Mais j'en porte sur moi d'assurés témoignages.
Ces lettres de ma foi vous seront de bons gages ;
Et vous reconnoîtrez par leurs perfides traits [3]
Combien Rome pour vous a d'ennemis secrets,
Qui tous, pour Aristie enflammés de vengeance, [4]
Avec Sertorius étoient d'intelligence.
Lisez.

(Il lui donne les lettres qu'Aristie avoit apportées de Rome à Sertorius.)

ARISTIE.

Quoi, scélérat ! quoi, lâche ! oses-tu bien....

PERPENNA.

Madame, il est ici votre maître et le mien ; [5]
Il faut en sa présence un peu de modestie ;
Et si je vous oblige à quelque repartie,
La faire sans aigreur, sans outrages mêlés,
Et ne point oublier devant qui vous parlez.
Vous voyez là, seigneur, deux illustres rivales,
Que cette perte anime à des haines égales.
Jusques au dernier point elles m'ont outragé ;
Mais, puisque je vous vois, je suis assez vengé.
Je vous regarde aussi comme un dieu tutélaire ;
Et ne puis... Mais, ô dieux ! seigneur, qu'allez-vous faire ? [6]

POMPÉE, après avoir brûlé les lettres sans les lire.

Montrer d'un tel secret ce que je veux savoir.
Si vous m'aviez connu, vous l'auriez su prévoir.

ACTE V, SCÈNE VI.

Rome en deux factions trop long-temps partagée
N'y sera point pour moi de nouveau replongée ;
Et quand Sylla lui rend sa gloire et son bonheur,
Je n'y remettrai point le carnage et l'horreur. 7.
Oyez, Celsus....

(Il lui parle bas.)

Surtout empêchez qu'il ne nomme
Aucun des ennemis qu'elle m'a faits à Rome.

(à Perpenna.)

Vous, suivez ce tribun ; j'ai quelques intérêts
Qui demandent ici des entretiens secrets.

PERPENNA.

Seigneur, se pourroit-il qu'après un tel service....

POMPÉE.

J'en connois l'importance, et lui rendrai justice.
Allez.

PERPENNA.

Mais cependant leur haine....

POMPÉE.

C'est assez.
Je suis maître, je parle ; allez, obéissez. 8

SCÈNE VII.

POMPÉE, VIRIATE, ARISTIE, THAMIRE, ARCAS.

POMPÉE.

NE vous offensez pas d'ouïr parler en maître,
Grande reine ; ce n'est que pour punir un traître ;

Criminel envers vous d'avoir trop écouté
L'insolence où montoit sa noire lâcheté,
J'ai cru devoir sur lui prendre ce haut empire
Pour me justifier avant que vous rien dire :
Mais je n'abuse point d'un si facile accès,
Et je n'ai jamais su dérober mes succès.

Quelque appui que son crime aujourd'hui vous enlève,
Je vous offre la paix, et ne romps point la trève ;
Et ceux de nos Romains qui sont auprès de vous
Peuvent y demeurer sans craindre mon courroux.
Si de quelque péril je vous ai garantie,
Je ne veux pour tout prix enlever qu'Aristie,
A qui devant vos yeux, enfin maître de moi,
Je rapporte avec joie et ma main et ma foi.
Je ne dis rien du cœur, il tint toujours pour elle.

ARISTIE.

Le mien savoit vous rendre une ardeur mutuelle ;
Et pour mieux recevoir ce don renouvelé,
Il oublîra, seigneur, qu'on me l'avoit volé.

VIRIATE.

Moi, j'accepte la paix que vous m'avez offerte ;
C'est tout ce que je puis, seigneur, après ma perte ;
Elle est irréparable : et comme je ne voi
Ni chefs dignes de vous, ni rois dignes de moi,
Je renonce à la guerre, ainsi qu'à l'hyménée ;
Mais j'aime encor l'honneur du trône où je suis née.
D'une juste amitié je sais garder les lois,
Et ne sais point régner comme règnent nos rois.
S'il faut que sous votre ordre ainsi qu'eux je domine,
Je m'ensevelirai sous ma propre ruine ;

Mais si je puis régner sans honte et sans époux,
Je ne veux d'héritiers que votre Rome, ou vous ;
Vous choisirez, seigneur : ou si votre alliance
Ne peut voir mes états sous ma seule puissance,
Vous n'avez qu'à garder cette place en vos mains,
Et je m'y tiens déjà captive des Romains.

POMPÉE.

Madame, vous avez l'ame trop généreuse
Pour n'en pas obtenir une paix glorieuse ;
Et l'on verra chez eux mon pouvoir abattu,
Ou j'y ferai toujours honorer la vertu.

SCÈNE VIII.

POMPÉE, ARISTIE, VIRIATE, CELSUS, ARCAS, THAMIRE.

POMPÉE.

En est-ce fait, Celsus ?

CELSUS.

Oui, seigneur ; le perfide
A vu plus de cent bras punir son parricide ;
Et livré par votre ordre à ce peuple irrité,
Sans rien dire....

POMPÉE.

Il suffit, Rome est en sûreté ;
Et ceux qu'à me haïr j'avois trop su contraindre,
N'y craignant rien de moi, n'y donnent rien à craindre.
(à Viriate.)
Vous, madame, agréez pour notre grand héros
Que ses mânes vengés goûtent un plein repos.

Allons donner notre ordre à des pompes funèbres
A l'égal de son nom illustres et célèbres,
Et dresser un tombeau témoin de son malheur,
Qui le soit de sa gloire, et de notre douleur.

FIN DE SERTORIUS.

PSYCHÉ,

TRAGI-COMÉDIE ET BALLET.

1670.

REMARQUE
DE M. PALISSOT
SUR PSYCHÉ. *

« A L'EXCEPTION du premier acte, de la première
« scène du second, et de la première du troisième,
« qui sont de Molière, cette pièce est de Corneille;
« et le premier de nos poëtes tragiques voulut bien
« seconder le premier de nos poëtes comiques dans
« une fête destinée à Louis XIV.

« C'est à l'âge de soixante-quatre ans que l'au-
« teur du Cid, des Horaces, de Cinna, fit cette
« charmante scène de l'Amour et de Psyché (la
« troisième du troisième acte); scène que beau-
« coup d'amateurs savent par cœur, et qui égale
« ce que Quinault a fait depuis de plus gracieux.

« La pièce fut représentée à la cour en 1670 **,
« et l'année suivante à Paris. »

---

* OEuvres de P. Corneille, avec le Commentaire de
Voltaire, et des observations critiques sur ce Commentaire. Paris, Didot, 1801, 12 vol. in-8.º

** L'édition citée dit 1690. C'est sans doute une faute
d'impression. Tout le monde sait que Molière est mort en
1673, et P. Corneille en 1684.

PERSONNAGES.

JUPITER.
VÉNUS.
L'AMOUR.
ZÉPHYRE.
ÉGIALE, } Graces.
PHAÈNE,
LE ROI, père de Psyché.
PSYCHÉ.
AGLAURE, } sœurs de Psyché.
CYDIPPE,
CLÉOMÈNE, } princes, amants de Psyché.
AGÉNOR,
LYCAS, capitaine des gardes.
DEUX AMOURS.
LE DIEU D'UN FLEUVE.
SUITE DU ROI.

PSYCHÉ,

TRAGI-COMÉDIE ET BALLET.

ACTE PREMIER.

(Le théâtre représente le palais du roi.)

SCÈNE I.

AGLAURE, CYDIPPE.

AGLAURE.

Il est des maux, ma sœur, que le silence aigrit :
Laissons, laissons parler mon chagrin et le vôtre ;
    Et de nos cœurs l'une à l'autre
    Exhalons le cuisant dépit.
    Nous nous voyons sœurs d'infortune ;
Et la vôtre et la mienne ont un si grand rapport,
Que nous pouvons mêler toutes les deux en une,
    Et, dans notre juste transport,
    Murmurer à plainte commune
    Des cruautés de notre sort.
    Quelle fatalité secrette,
    Ma sœur, soumet tout l'univers
    Aux attraits de notre cadette,

Et de tant de princes divers
Qu'en ces lieux la fortune jette
N'en présente aucun à nos fers?
Quoi! voir de toutes parts, pour lui rendre les armes,
Les cœurs se précipiter,
Et passer devant nos charmes
Sans s'y vouloir arrêter!
Quel sort ont nos yeux en partage,
Et qu'est-ce qu'ils ont fait aux dieux,
De ne jouir d'aucun hommage
Parmi tous ces tributs de soupirs glorieux
Dont le superbe avantage
Fait triompher d'autres yeux?
Est-il pour nous, ma sœur, de plus rude disgrace
Que de voir tous les cœurs mépriser nos appas,
Et l'heureuse Psyché jouir avec audace
D'une foule d'amants attachés à ses pas?

CYDIPPE.

Ah! ma sœur, c'est une aventure
A faire perdre la raison;
Et tous les maux de la nature
Ne sont rien en comparaison.

AGLAURE.

Pour moi, j'en suis souvent jusqu'à verser des larmes.
Tout plaisir, tout repos par là m'est arraché;
Contre un pareil malheur ma constance est sans armes.
Toujours à ce chagrin mon esprit attaché
Me tient devant les yeux la honte de nos charmes,
Et le triomphe de Psyché.
La nuit, il m'en repasse une idée éternelle
Qui sur toute chose prévaut:
Rien ne me peut chasser cette image cruelle;

Et, dès qu'un doux sommeil me vient délivrer d'elle,
>   Dans mon esprit aussitôt
>   Quelque songe la rappelle
>   Qui me réveille en sursaut.

CYDIPPE.

> Ma sœur, voilà mon martyre.
> Dans vos discours je me vois ;
> Et vous venez là de dire
> Tout ce qui se passe en moi.

AGLAURE.

Mais encor, raisonnons un peu sur cette affaire.
Quels charmes si puissants en elle sont épars ?
Et par où, dites-moi, du grand secret de plaire
L'honneur est-il acquis à ses moindres regards ?
>   Que voit-on dans sa personne
>   Pour inspirer tant d'ardeurs ?
>   Quel droit de beauté lui donne
>   L'empire de tous les cœurs ?
Elle a quelques attraits, quelque éclat de jeunesse ;
On en tombe d'accord, je n'en disconviens pas :
Mais lui cède-t-on fort pour quelque peu d'aînesse,
>   Et se voit-on sans appas ?
Est-on d'une figure à faire qu'on se raille ?
N'a-t-on pas quelques traits et quelques agréments,
Quelque teint, quelques yeux, quelque air, et quelque taille,
A pouvoir dans nos fers jeter quelques amants ?
>   Ma sœur, faites-moi la grace
>   De me parler franchement :
Suis-je faite d'un air, à votre jugement,
Que mon mérite au sien doive céder la place ?
>   Et dans quelque ajustement
>   Trouvez-vous qu'elle m'efface ?

CYDIPPE.
Qui ? vous, ma sœur ? nullement.
Hier à la chasse près d'elle
Je vous regardai long-temps :
Et, sans vous donner d'encens,
Vous me parûtes plus belle.
Mais moi, dites, ma sœur, sans me vouloir flatter,
Sont-ce des visions que je me mets en tête,
Quand je me crois taillée à pouvoir mériter
La gloire de quelque conquête ?

AGLAURE.
Vous, ma sœur ? vous avez, sans nul déguisement,
Tout ce qui peut causer une amoureuse flamme.
Vos moindres actions brillent d'un agrément
Dont je me sens toucher l'ame ;
Et je serois votre amant,
Si j'étois autre que femme.

CYDIPPE.
D'où vient donc qu'on la voit l'emporter sur nous deux,
Qu'à ses premiers regards les cœurs rendent les armes,
Et que d'aucun tribut de soupirs et de vœux
On ne fait honneur à nos charmes ?

AGLAURE.
Toutes les dames, d'une voix,
Trouvent ses attraits peu de chose ;
Et du nombre d'amants qu'elle tient sous ses lois,
Ma sœur, j'ai découvert la cause.

CYDIPPE.
Pour moi, je la devine, et l'on doit présumer
Qu'il faut que là-dessous soit caché du mystère.
Ce secret de tout enflammer
N'est point de la nature un effet ordinaire :

L'art de la Thessalie entre dans cette affaire;
Et quelque main a su sans doute lui former
  Un charme pour se faire aimer.
    AGLAURE.
Sur un plus fort appui ma croyance se fonde;
Et le charme qu'elle a pour attirer les cœurs,
C'est un air en tout temps désarmé de rigueurs,
Des regards caressants que la bouche seconde,
  Un souris chargé de douceurs
  Qui tend les bras à tout le monde,
  Et ne vous promet que faveurs.
Notre gloire n'est plus aujourd'hui conservée,
Et l'on n'est plus au temps de ces nobles fiertés
Qui, par un digne essai d'illustres cruautés,
Vouloient voir d'un amant la constance éprouvée.
De tout ce noble orgueil qui nous seyoit si bien
On est bien descendu dans le siècle où nous sommes;
Et l'on en est réduite à n'espérer plus rien,
A moins que l'on se jette à la tête des hommes.
    CYDIPPE.
Oui, voilà le secret de l'affaire; et je voi
  Que vous le prenez mieux que moi.
C'est pour nous attacher à trop de bienséance
Qu'aucun amant, ma sœur, à nous ne veut venir;
  Et nous voulons trop soutenir
L'honneur de notre sexe et de notre naissance.
Les hommes maintenant aiment ce qui leur rit;
L'espoir, plus que l'amour, est ce qui les attire;
  Et c'est par là que Psyché nous ravit
  Tous les amants qu'on voit sous son empire.
Suivons, suivons l'exemple; ajustons-nous au temps;
Abaissons-nous, ma sœur, à faire des avances;

Et ne ménageons plus de tristes bienséances
Qui nous ôtent les fruits du plus beau de nos ans.

AGLAURE.

J'approuve la pensée ; et nous avons matière
    D'en faire l'épreuve première
Aux deux princes qui sont les derniers arrivés:
Ils sont charmants, ma sœur ; et leur personne entière
    Me.... Les avez-vous observés ?

CYDIPPE.

Ah ! ma sœur, ils sont faits tous deux d'une manière
Que mon ame.... Ce sont deux princes achevés.

AGLAURE.

Je trouve qu'on pourroit rechercher leur tendresse
    Sans se faire déshonneur.

CYDIPPE.

Je trouve que sans honte une belle princesse
    Leur pourroit donner son cœur.

AGLAURE.

Les voici tous deux ; et j'admire
Leur air et leur ajustement.

CYDIPPE.

Ils ne démentent nullement
Tout ce que nous venons d'en dire.

SCÈNE II.

CLÉOMÈNE, AGÉNOR, AGLAURE, CYDIPPE.

AGLAURE.

D'où vient, princes, d'où vient que vous fuyez ainsi ?
Prenez-vous l'épouvante en nous voyant paroître ?

ACTE I, SCÈNE II.

CLÉOMÈNE.

On nous faisoit croire qu'ici
La princesse Psyché, madame, pourroit être.

AGLAURE.

Tous ces lieux n'ont-ils rien d'agréable pour vous,
Si vous ne les voyez ornés de sa présence ?

AGÉNOR.

Ces lieux peuvent avoir des charmes assez doux ;
Mais nous cherchons Psyché dans notre impatience.

CYDIPPE.

Quelque chose de bien pressant
Vous doit à la chercher pousser tous deux, sans doute ?

CLÉOMÈNE.

Le motif est assez puissant,
Puisque notre fortune enfin en dépend toute.

AGLAURE.

Ce seroit trop à nous que de nous informer
Du secret que ces mots nous peuvent enfermer.

CLÉOMÈNE.

Nous ne prétendons point en faire de mystère :
Aussi-bien malgré nous paroîtroit-il au jour ;
Et le secret ne dure guère,
Madame, quand c'est de l'amour.

CYDIPPE.

Sans aller plus avant, princes, cela veut dire
Que vous aimez Psyché tous deux ?

AGÉNOR.

Tous deux soumis à son empire,
Nous allons de concert lui découvrir nos feux.

AGLAURE.

C'est une nouveauté sans doute assez bizarre,
Que deux rivaux si bien unis.

CLÉOMÈNE.

Il est vrai que la chose est rare,
Mais non pas impossible à deux parfaits amis.

CYDIPPE.

Est-ce que dans ces lieux il n'est qu'elle de belle ?
Et n'y trouvez-vous point à séparer vos vœux ?

AGLAURE.

Parmi l'éclat du sang vos yeux n'ont-ils vu qu'elle
  A pouvoir mériter vos feux ?

CLÉOMÈNE.

Est-ce que l'on consulte au moment qu'on s'enflamme ?
  Choisit-on qui l'on veut aimer ?
  Et pour donner toute son ame,
Regarde-t-on quel droit on a de nous charmer ?

AGÉNOR.

  Sans qu'on ait le pouvoir d'élire,
  On suit dans une telle ardeur
  Quelque chose qui nous attire ;
  Et lorsque l'amour touche un cœur,
  On n'a point de raison à dire.

AGLAURE.

En vérité, je plains les fâcheux embarras
  Où je vois que vos cœurs se mettent.
Vous aimez un objet dont les riants appas
Mêleront des chagrins à l'espoir qu'ils vous jettent ;
  Et son cœur ne vous tiendra pas
  Tout ce que ses yeux vous promettent.

CYDIPPE.

L'espoir qui vous appelle au rang de ses amants
Trouvera du mécompte aux douceurs qu'elle étale ;
Et c'est pour essuyer de très fâcheux moments,
Que les soudains retours de son ame inégale.

AGLAURE.

Un clair discernement de ce que vous valez
Nous fait plaindre le sort où cet amour vous guide;
Et vous pouvez trouver tous deux, si vous voulez,
Avec autant d'attraits, une ame plus solide.

CYDIPPE.

Par un choix plus doux de moitié,
Vous pouvez de l'amour sauver votre amitié;
Et l'on voit en vous deux un mérite si rare,
Qu'un tendre avis peut bien prévenir, par pitié,
Ce que votre cœur se prépare.

CLÉOMÈNE.

Cet avis généreux fait pour nous éclater
Des bontés qui nous touchent l'ame;
Mais le ciel nous réduit à ce malheur, madame,
De ne pouvoir en profiter.

AGÉNOR.

Votre illustre pitié veut en vain nous distraire
D'un amour dont tous deux nous redoutons l'effet;
Ce que notre amitié, madame, n'a pas fait,
Il n'est rien qui le puisse faire.

CYDIPPE.

Il faut que le pouvoir de Psyché.... La voici.

SCÈNE III.

PSYCHÉ, CYDIPPE, AGLAURE, CLÉOMÈNE, AGÉNOR.

CYDIPPE.

Venez jouir, ma sœur, de ce qu'on vous apprête.

AGLAURE.

Préparez vos attraits à recevoir ici

Le triomphe nouveau d'une illustre conquête.

CYDIPPE.

Ces princes ont tous deux si bien senti vos coups,
Qu'à vous le découvrir leur bouche se dispose.

PSYCHÉ.

Du sujet qui les tient si rêveurs parmi nous
  Je ne me croyois pas la cause ;
  Et j'aurois cru toute autre chose
  En les voyant parler à vous.

AGLAURE.

  N'ayant ni beauté ni naissance
A pouvoir mériter leur amour et leurs soins,
  Ils nous favorisent au moins
  De l'honneur de la confidence.

CLÉOMÈNE, à Psyché.

L'aveu qu'il nous faut faire à vos divins appas
Est sans doute, madame, un aveu téméraire ;
  Mais tant de cœurs près du trépas
Sont, par de tels aveux, forcés à vous déplaire,
Que vous êtes réduite à ne les punir pas
  Des foudres de votre colère.
  Vous voyez en nous deux amis
Qu'un doux rapport d'humeurs sut joindre dès l'enfance ;
Et ces tendres liens se sont vus affermis
Par cent combats d'estime et de reconnoissance.
Du destin ennemi les assauts rigoureux,
Les mépris de la mort, et l'aspect des supplices,
Par d'illustres éclats, de mutuels offices,
Ont de notre amitié signalé les beaux nœuds :
Mais, à quelques essais qu'elle se soit trouvée,
  Son grand triomphe est en ce jour ;
Et rien ne fait tant voir sa constance éprouvée

Que de se conserver au milieu de l'amour.
Oui, malgré tant d'appas, son illustre constance
Aux lois qu'elle nous fait a soumis tous nos vœux :
Elle vient, d'une douce et pleine déférence,
Remettre à votre choix le succès de nos feux ;
Et, pour donner un poids à notre concurrence,
Qui des raisons d'état entraîne la balance
  Sur le choix de l'un de nous deux,
Cette même amitié s'offre sans répugnance
D'unir nos deux états au sort du plus heureux.

    AGÉNOR.

  Oui, de ces deux états, madame,
Que sous votre heureux choix nous nous offrons d'unir,
  Nous voulons faire à notre flamme
  Un secours pour vous obtenir.
Ce que, pour ce bonheur, près du roi votre père
  Nous nous sacrifions tous deux
N'a rien de difficile à nos cœurs amoureux ;
Et c'est au plus heureux faire un don nécessaire
  D'un pouvoir dont le malheureux,
  Madame, n'aura plus affaire.

    PSYCHÉ.

Le choix que vous m'offrez, princes, montre à mes yeux
De quoi remplir les vœux de l'ame la plus fière ;
Et vous me le parez tous deux d'une manière
Qu'on ne peut rien offrir qui soit plus précieux.
Vos feux, votre amitié, votre vertu suprême,
Tout me relève en vous l'offre de votre foi ;
Et j'y vois un mérite à s'opposer lui-même
  A ce que vous voulez de moi.
Ce n'est pas à mon cœur qu'il faut que je défère
  Pour entrer sous de tels liens :

Ma main, pour se donner, attend l'ordre d'un père,
Et mes sœurs ont des droits qui vont devant les miens.
Mais, si l'on me rendoit sur mes vœux absolue,
Vous y pourriez avoir trop de part à la fois ;
Et toute mon estime, entre vous suspendue,
Ne pourroit sur aucun laisser tomber mon choix.
   A l'ardeur de votre poursuite
Je répondrois assez de mes vœux les plus doux ;
   Mais c'est, parmi tant de mérite,
Trop de deux cœurs pour moi, trop peu d'un cœur pour vous.
De mes plus doux souhaits j'aurois l'ame gênée
   A l'effort de votre amitié ;
Et j'y vois l'un de vous prendre une destinée
   A me faire trop de pitié.
Oui, princes, à tous ceux dont l'amour suit le vôtre
Je vous préférerois tous deux avec ardeur ;
   Mais je n'aurois jamais le cœur
De pouvoir préférer l'un de vous deux à l'autre.
   A celui que je choisirois
Ma tendresse feroit un trop grand sacrifice ;
Et je m'imputerois à barbare injustice
   Le tort qu'à l'autre je ferois.
Oui, tous deux vous brillez de trop de grandeur d'ame
   Pour en faire aucun malheureux,
Et vous devez chercher dans l'amoureuse flamme
   Le moyen d'être heureux tous deux.
   Si votre cœur me considère
Assez pour me souffrir de disposer de vous,
   J'ai deux sœurs capables de plaire,
Qui peuvent bien vous faire un destin assez doux ;
Et l'amitié me rend leur personne assez chère
   Pour vous souhaiter leurs époux.

ACTE I, SCÈNE III.

CLÉOMÈNE.

Un cœur dont l'amour est extrême
Peut-il bien consentir, hélas!
D'être donné par ce qu'il aime?
Sur nos deux cœurs, madame, à vos divins appas
Nous donnons un pouvoir suprême :
Disposez-en pour le trépas;
Mais pour une autre que vous-même
Ayez cette bonté de n'en disposer pas.

AGÉNOR.

Aux princesses, madame, on feroit trop d'outrage;
Et c'est pour leurs attraits un indigne partage
Que les restes d'une autre ardeur.
Il faut d'un premier feu la pureté fidèle
Pour aspirer à cet honneur
Où votre bonté nous appelle,
Et chacune mérite un cœur
Qui n'ait soupiré que pour elle.

AGLAURE.

Il me semble, sans nul courroux,
Qu'avant que de vous en défendre,
Princes, vous deviez bien attendre
Qu'on se fût expliqué sur vous.
Nous croyez-vous un cœur si facile et si tendre?
Et lorsqu'on parle ici de vous donner à nous,
Savez-vous si l'on veut vous prendre?

CYDIPPE.

Je pense que l'on a d'assez hauts sentiments
Pour refuser un cœur qu'il faut qu'on sollicite,
Et qu'on ne veut devoir qu'à son propre mérite
La conquête de ses amants.

PSYCHÉ.

J'ai cru pour vous, mes sœurs, une gloire assez grande
Si la possession d'un mérite si haut....

SCÈNE IV.

PSYCHÉ, AGLAURE, CYDIPPE, CLÉOMÈNE,
AGÉNOR, LYCAS.

LYCAS, à Psyché.

Ah, madame!

PSYCHÉ.

Qu'as-tu?

LYCAS.

Le roi...

PSYCHÉ.

Quoi?

LYCAS.

Vous demande.

PSYCHÉ.

De ce trouble si grand que faut-il que j'attende?

LYCAS.

Vous ne le saurez que trop tôt.

PSYCHÉ.

Hélas! que pour le roi tu me donnes à craindre!

LYCAS.

Ne craignez que pour vous, c'est vous que l'on doit plaindre.

PSYCHÉ.

C'est pour louer le ciel, et me voir hors d'effroi,
De savoir que je n'aie à craindre que pour moi.
Mais apprends-moi, Lycas, le sujet qui te touche.

LYCAS.

Souffrez que j'obéisse à qui m'envoie ici,
Madame, et qu'on vous laisse apprendre de sa bouche
Ce qui peut m'affliger ainsi.

PSYCHÉ.

Allons savoir sur quoi l'on craint tant ma foiblesse.

SCÈNE V.

AGLAURE, CYDIPPE, LYCAS.

AGLAURE.

Si ton ordre n'est pas jusqu'à nous étendu,
Dis-nous quel grand malheur nous couvre ta tristesse.

LYCAS.

Hélas ! ce grand malheur dans la cour répandu,
Voyez-le vous-même, princesse,
Dans l'oracle qu'au roi les destins ont rendu.
Voici ses propres mots, que la douleur, madame,
A gravés au fond de mon ame :
« Que l'on ne pense nullement
« A vouloir de Psyché conclure l'hyménée :
« Mais qu'au sommet d'un mont elle soit promptement
« En pompe funèbre menée ;
« Et que de tous abandonnée,
« Pour époux elle attende en ces lieux constamment
« Un monstre dont on a la vue empoisonnée,
« Un serpent qui répand son venin en tous lieux,
« Et trouble dans sa rage et la terre et les cieux. »
Après un arrêt si sévère
Je vous quitte, et vous laisse à juger entre vous
Si, par de plus cruels et plus sensibles coups,
Tous les dieux nous pouvoient expliquer leur colère.

SCÈNE VI.

AGLAURE, CYDIPPE.

CYDIPPE.
Ma sœur, que sentez-vous à ce soudain malheur
Où nous voyons Psyché par les destins plongée ?
AGLAURE.
Mais vous, que sentez-vous, ma sœur ?
CYDIPPE.
A ne vous point mentir, je sens que dans mon cœur
Je n'en suis pas trop affligée.
AGLAURE.
Moi, je sens quelque chose au mien
Qui ressemble assez à la joie.
Allons, le destin nous envoie
Un mal que nous pouvons regarder comme un bien.

FIN DU PREMIER ACTE.

ACTE SECOND.

(La scène est changée en des rochers affreux, et fait voir dans l'éloignement une effroyable solitude.)

SCÈNE I.

LE ROI, PSYCHÉ, AGLAURE, CYDIPPE, LYCAS, SUITE.

PSYCHÉ.

De vos larmes, seigneur, la source m'est bien chère ;
Mais c'est trop aux bontés que vous avez pour moi
Que de laisser régner les tendresses de père
    Jusque dans les yeux d'un grand roi.
Ce qu'on vous voit ici donner à la nature
   Au rang que vous tenez, seigneur, fait trop d'injure ;
Et j'en dois refuser les touchantes faveurs.
    Laissez moins sur votre sagesse
     Prendre d'empire à vos douleurs,
Et cessez d'honorer mon destin par des pleurs
Qui, dans le cœur d'un roi, montrent de la foiblesse.

LE ROI.

Ah ! ma fille, à ces pleurs laisse mes yeux ouverts ;
Mon deuil est raisonnable, encor qu'il soit extrême ;
Et lorsque pour toujours on perd ce que je perds,
La sagesse, crois-moi, peut pleurer elle-même.
    En vain l'orgueil du diadème
Veut qu'on soit insensible à ces cruels revers ;

En vain de la raison les secours sont offerts
Pour vouloir d'un œil sec voir mourir ce qu'on aime:
L'effort en est barbare aux yeux de l'univers;
Et c'est brutalité plus que vertu suprême.
  Je ne veux point, dans cette adversité,
  Parer mon cœur d'insensibilité,
   Et cacher l'ennui qui me touche :
   Je renonce à la vanité
   De cette dureté farouche
   Que l'on appelle fermeté;
   Et, de quelque façon qu'on nomme
Cette vive douleur dont je ressens les coups,
Je veux bien l'étaler, ma fille, aux yeux de tous,
Et dans le cœur d'un roi montrer le cœur d'un homme.

PSYCHÉ.

Je ne mérite pas cette grande douleur :
Opposez, opposez un peu de résistance
  Aux droits qu'elle prend sur un cœur
Dont mille évènements ont marqué la puissance.
Quoi! faut-il que pour moi vous renonciez, seigneur,
  A cette royale constance
Dont vous avez fait voir dans les coups du malheur
  Une fameuse expérience ?

LE ROI.

La constance est facile en mille occasions:
  Toutes les révolutions
Où nous peut exposer la fortune inhumaine,
La perte des grandeurs, les persécutions,
Le poison de l'envie, et les traits de la haine,
  N'ont rien que ne puissent sans peine
  Braver les résolutions
D'une ame où la raison est un peu souveraine.

ACTE II, SCÈNE I.

Mais ce qui porte des rigueurs
A faire succomber les cœurs
Sous le poids des douleurs amères,
Ce sont, ce sont les rudes traits
De ces fatalités sévères
Qui nous enlèvent pour jamais
Les personnes qui nous sont chères.
La raison contre de tels coups
N'offre point d'armes secourables ;
Et voilà des dieux en courroux
  Les foudres les plus redoutables
Qui se puissent lancer sur nous.

PSYCHÉ.

Seigneur, une douceur ici vous est offerte :
Votre hymen a reçu plus d'un présent des dieux ;
  Et, par une faveur ouverte,
Ils ne vous ôtent rien, en m'ôtant à vos yeux,
Dont ils n'aient pris le soin de réparer la perte.
Il vous reste de quoi consoler vos douleurs ;
Et cette loi du ciel, que vous nommez cruelle,
  Dans les deux princesses mes sœurs
  Laisse à l'amitié paternelle
  Où placer toutes ses douceurs.

LE ROI.

  Ah! de mes maux soulagement frivole !
Rien, rien ne s'offre à moi qui de toi me console.
C'est sur mes déplaisirs que j'ai les yeux ouverts ;
  Et, dans un destin si funeste,
  Je regarde ce que je perds,
  Et ne vois point ce qui me reste.

PSYCHÉ.

Vous savez mieux que moi qu'aux volontés des dieux,

Seigneur, il faut régler les nôtres ;
Et je ne puis vous dire, en ces tristes adieux,
Que ce que beaucoup mieux vous pouvez dire aux autres.
    Ces dieux sont maîtres souverains
      Des présents qu'ils daignent nous faire ;
    Ils ne les laissent dans nos mains
    Qu'autant de temps qu'il peut leur plaire :
    Lorsqu'ils viennent les retirer,
    On n'a nul droit de murmurer
Des graces que leur main ne veut plus nous étendre.
Seigneur, je suis un don qu'ils ont fait à vos vœux ;
Et quand par cet arrêt ils veulent me reprendre,
Ils ne vous ôtent rien que vous ne teniez d'eux,
Et c'est sans murmurer que vous devez me rendre.

LE ROI.

    Ah ! cherche un meilleur fondement
Aux consolations que ton cœur me présente ;
Et de la fausseté de ce raisonnement
    Ne fais pas un accablement
    A cette douleur si cuisante
    Dont je souffre ici le tourment.
Crois-tu là me donner une raison puissante
Pour ne me plaindre point de cet arrêt des cieux ?
    Et, dans le procédé des dieux
    Dont tu veux que je me contente,
    Une rigueur assassinante
    Ne paroît-elle pas aux yeux ?
Vois l'état où les dieux me forcent à te rendre,
Et l'autre où te reçut mon cœur infortuné ;
Tu connoîtras par là qu'ils me viennent reprendre
    Bien plus que ce qu'ils m'ont donné.
    Je reçus d'eux en toi, ma fille,

Un présent que mon cœur ne leur demandoit pas;
  J'y trouvois alors peu d'appas,
Et leur en vis sans joie accroître ma famille :
  Mais mon cœur, ainsi que mes yeux,
S'est fait de ce présent une douce habitude;
J'ai mis quinze ans de soins, de veilles et d'étude
  A me le rendre précieux;
 Je l'ai paré de l'aimable richesse
  De mille brillantes vertus;
En lui j'ai renfermé, par des soins assidus,
Tous les plus beaux trésors que fournit la sagesse;
A lui j'ai de mon ame attaché la tendresse;
J'en ai fait de ce cœur le charme et l'alégresse,
La consolation de mes sens abattus,
  Le doux espoir de ma vieillesse.
  Ils m'ôtent tout cela, ces dieux;
Et tu veux que je n'aie aucun sujet de plainte
Sur cet affreux arrêt dont je souffre l'atteinte !
Ah! leur pouvoir se joue avec trop de rigueur
  Des tendresses de notre cœur.
Pour m'ôter leur présent, leur falloit-il attendre
  Que j'en eusse fait tout mon bien?
Ou plutôt, s'ils avoient dessein de le reprendre,
N'eût-il pas été mieux de ne me donner rien?

PSYCHÉ.

 Seigneur, redoutez la colère
De ces dieux contre qui vous osez éclater.

LE ROI.

 Après ce coup, que peuvent-ils me faire?
Ils m'ont mis en état de ne rien redouter.

PSYCHÉ.

 Ah! seigneur, je tremble des crimes

Que je vous fais commettre ; et je dois me haïr.

LE ROI.

Ah ! qu'ils souffrent du moins mes plaintes légitimes !
Ce m'est assez d'effort que de leur obéir ;
Ce doit leur être assez que mon cœur t'abandonne
Au barbare respect qu'il faut qu'on ait pour eux,
Sans prétendre gêner la douleur que me donne
L'épouvantable arrêt d'un sort si rigoureux.
Mon juste désespoir ne sauroit se contraindre ;
Je veux, je veux garder ma douleur à jamais ;
Je veux sentir toujours la perte que je fais :
De la rigueur du ciel je veux toujours me plaindre ;
Je veux jusqu'au trépas incessamment pleurer
Ce que tout l'univers ne peut me réparer.

PSYCHÉ.

Ah ! de grace, seigneur, épargnez ma foiblesse ;
J'ai besoin de constance en l'état où je suis.
Ne fortifiez point l'excès de mes ennuis
    Des larmes de votre tendresse.
Seuls ils sont assez forts ; et c'est trop pour mon cœur
    De mon destin et de votre douleur.

LE ROI.

Oui, je dois t'épargner mon deuil inconsolable.
Voici l'instant fatal de m'arracher de toi :
Mais comment prononcer ce mot épouvantable ?
Il le faut toutefois, le ciel m'en fait la loi ;
    Une rigueur inévitable
M'oblige à te laisser en ce funeste lieu.
    Adieu. Je vais.... Adieu.

SCÈNE II.

PSYCHÉ, AGLAURE, CYDIPPE.

PSYCHÉ.

Suivez le roi, mes sœurs; vous essuîrez ses larmes,
Vous adoucirez ses douleurs;
Et vous l'accableriez d'alarmes,
Si vous vous exposiez encore à mes malheurs.
Conservez-lui ce qui lui reste.
Le serpent que j'attends peut vous être funeste,
Vous envelopper dans mon sort,
Et me porter en vous une seconde mort.
Le ciel m'a seule condamnée
A son haleine empoisonnée :
Rien ne sauroit me secourir ;
Et je n'ai pas besoin d'exemple pour mourir.

AGLAURE.

Ne nous enviez pas ce cruel avantage
De confondre nos cœurs avec vos déplaisirs,
De mêler nos soupirs à vos derniers soupirs ;
D'une tendre amitié souffrez ce dernier gage.

PSYCHÉ.

C'est vous perdre inutilement.

CYDIPPE.

C'est en votre faveur espérer un miracle,
Ou vous accompagner jusques au monument.

PSYCHÉ.

Que peut-on se promettre après un tel oracle ?

AGLAURE.

Un oracle jamais n'est sans obscurité :

On l'entend d'autant moins que mieux on croit l'entendre:
Et peut-être, après tout, n'en devez-vous attendre
    Que gloire et que félicité.
Laissez-nous voir, ma sœur, par une digne issue
Cette frayeur mortelle heureusement déçue ;
    Ou mourir du moins avec vous,
Si le ciel à nos vœux ne se montre plus doux.

PSYCHÉ.

Ma sœur, écoutez mieux la voix de la nature
    Qui vous appelle auprès du roi.
  Vous m'aimez trop ; le devoir en murmure,
  Vous en savez l'indispensable loi.
Un père vous doit être encor plus cher que moi.
Rendez-vous toutes deux l'appui de sa vieillesse,
Vous lui devez chacune un gendre et des neveux.
Mille rois à l'envi vous gardent leur tendresse,
Mille rois à l'envi vous offriront leurs vœux.
L'oracle me veut seule ; et seule aussi je veux
    Mourir si je puis sans foiblesse,
Ou ne vous avoir pas pour témoins toutes deux
De ce que malgré moi la nature m'en laisse.

AGLAURE.

Partager vos malheurs, c'est vous importuner ?

CYDIPPE.

J'ose dire un peu plus, ma sœur, c'est vous déplaire ?

PSYCHÉ.

  Non ; mais enfin c'est me gêner,
Et peut-être du ciel redoubler la colère.

AGLAURE.

    Vous le voulez, et nous partons.
Daigne ce même ciel, plus juste et moins sévère,
Vous envoyer le sort que nous vous souhaitons,

Et que notre amitié sincère,
En dépit de l'oracle, et malgré vous, espère!
PSYCHÉ.
Adieu. C'est un espoir, ma sœur, et des souhaits
Qu'aucun des dieux ne remplira jamais.

SCÈNE III.
PSYCHÉ.

Enfin seule et toute à moi-même,
Je puis envisager cet affreux changement
 Qui, du haut d'une gloire extrême,
 Me précipite au monument.
 Cette gloire étoit sans seconde;
L'éclat s'en répandoit jusqu'aux deux bouts du monde;
Tout ce qu'il a de rois sembloient faits pour m'aimer;
 Tous leurs sujets me prenant pour déesse
  Commençoient à m'accoutumer
  Aux encens qu'ils m'offroient sans cesse;
Leurs soupirs me suivoient sans qu'il m'en coûtât rien;
Mon ame restoit libre en captivant tant d'ames;
  Et j'étois, parmi tant de flammes,
Reine de tous les cœurs, et maîtresse du mien.
  O ciel! m'auriez-vous fait un crime
  De cette insensibilité?
Déployez-vous sur moi tant de sévérité
Pour n'avoir à leurs vœux rendu que de l'estime?
  Si vous m'imposiez cette loi,
Qu'il fallût faire un choix pour ne pas vous déplaire,
  Puisque je ne pouvois le faire,
  Que ne le faisiez-vous pour moi?
Que ne m'inspiriez-vous ce qu'inspire à tant d'autres
Le mérite, l'amour, et.... Mais que vois-je ici?

SCÈNE IV.
CLÉOMÈNE, AGÉNOR, PSYCHÉ.

CLÉOMÈNE.

Deux amis, deux rivaux, dont l'unique souci
Est d'exposer leurs jours pour conserver les vôtres.

PSYCHÉ.

Puis-je vous écouter quand j'ai chassé deux sœurs?
Princes, contre le ciel pensez-vous me défendre?
Vous livrer au serpent qu'ici je dois attendre,
Ce n'est qu'un désespoir qui sied mal aux grands cœurs;
    Et mourir alors que je meurs,
    C'est accabler une ame tendre
    Qui n'a que trop de ses douleurs.

AGÉNOR.

    Un serpent n'est pas invincible;
Cadmus, qui n'aimoit rien, défit celui de Mars.
Nous aimons, et l'amour sait rendre tout possible
    Au cœur qui suit ses étendards,
A la main dont lui-même il conduit tous les dards.

PSYCHÉ.

Voulez-vous qu'il vous serve en faveur d'une ingrate
    Que tous ses traits n'ont pu toucher;
Qu'il domte sa vengeance au moment qu'elle éclate,
    Et vous aide à m'en arracher?
    Quand même vous m'auriez servie,
    Quand vous m'auriez rendu la vie,
Quel fruit espérez-vous de qui ne peut aimer?

CLÉOMÈNE.

Ce n'est point par l'espoir d'un si charmant salaire
    Que nous nous sentons animer;

Nous ne cherchons qu'à satisfaire
Aux devoirs d'un amour qui n'ose présumer
Que jamais, quoi qu'il puisse faire,
Il soit capable de vous plaire,
Et digne de vous enflammer.
Vivez, belle princesse, et vivez pour un autre;
Nous le verrons d'un œil jaloux;
Nous en mourrons, mais d'un trépas plus doux
Que s'il nous falloit voir le vôtre :
Et si nous ne mourons en vous sauvant le jour,
Quelque amour qu'à nos yeux vous préfériez au nôtre,
Nous voulons bien mourir de douleur et d'amour.

PSYCHÉ.

Vivez, princes, vivez, et de ma destinée
Ne songez plus à rompre ou partager la loi :
Je crois vous l'avoir dit, le ciel ne veut que moi,
Le ciel m'a seule condamnée.
Je pense ouïr déjà les mortels sifflements
De son ministre qui s'approche :
Ma frayeur me le peint, me l'offre à tous moments;
Et, maîtresse qu'elle est de tous mes sentiments,
Elle me le figure au haut de cette roche.
J'en tombe de foiblesse; et mon cœur abattu
Ne soutient plus qu'à peine un reste de vertu.
Adieu, princes; fuyez, qu'il ne vous empoisonne.

AGÉNOR.

Rien ne s'offre à nos yeux encor qui les étonne;
Et quand vous vous peignez un si proche trépas,
Si la force vous abandonne,
Nous avons des cœurs et des bras
Que l'espoir n'abandonne pas.

Peut-être qu'un rival a dicté cet oracle,
Que l'or a fait parler celui qui l'a rendu.
  Ce ne seroit pas un miracle
Que pour un dieu muet un homme eût répondu;
Et dans tous les climats on n'a que trop d'exemples
Qu'il est, ainsi qu'ailleurs, des méchants dans les temples.

CLÉOMÈNE.

Laissez-nous opposer au lâche ravisseur
A qui le sacrilège indignement vous livre,
Un amour qu'a le ciel choisi pour défenseur
De la seule beauté pour qui nous voulons vivre.
Si nous n'osons prétendre à sa possession,
Du moins en son péril permettez-nous de suivre
L'ardeur et les devoirs de notre passion.

PSYCHÉ.

  Portez-les à d'autres moi-mêmes,
  Princes, portez-les à mes sœurs,
  Ces devoirs, ces ardeurs extrêmes
  Dont pour moi sont remplis vos cœurs :
  Vivez pour elles quand je meurs.
Plaignez de mon destin les funestes rigueurs,
Sans leur donner en vous de nouvelles matières.
  Ce sont mes volontés dernières ;
  Et l'on a reçu de tous temps
Pour souveraines lois les ordres des mourants.

CLÉOMÈNE.

Princesse....

PSYCHÉ.

  Encore un coup, princes, vivez pour elles.
Tant que vous m'aimerez vous devez m'obéir ;
Ne me réduisez pas à vouloir vous haïr,

ACTE II, SCÈNE IV.

Et vous regarder en rebelles
A force de m'être fidèles.
Allez, laissez-moi seule expirer en ce lieu
Où je n'ai plus de voix que pour vous dire adieu.
Mais je sens qu'on m'enlève, et l'air m'ouvre une route
D'où vous n'entendrez plus cette mourante voix.
Adieu, princes, adieu pour la dernière fois.
Voyez si de mon sort vous pouvez être en doute.

(Psyché est enlevée en l'air par deux Zéphyres.)

AGÉNOR.

Nous la perdons de vue. Allons tous deux chercher
Sur le faîte de ce rocher,
Prince, les moyens de la suivre.

CLÉOMÈNE.

Allons-y chercher ceux de ne lui point survivre.

SCÈNE V.

L'AMOUR, en l'air.

ALLEZ mourir, rivaux d'un dieu jaloux,
Dont vous méritez le courroux
Pour avoir eu le cœur sensible aux mêmes charmes.
Et toi, forge, Vulcain, mille brillants attraits
Pour orner un palais
Où l'Amour de Psyché veut essuyer les larmes,
Et lui rendre les armes.

FIN DU SECOND ACTE.

ACTE TROISIÈME.

(La scène se change en une cour magnifique, ornée de colonnes de lapis, enrichies de figures d'or, qui forment un palais pompeux et brillant, que l'Amour destine pour Psyché.)

SCÈNE I.

L'AMOUR, ZÉPHYRE.

ZÉPHYRE.

Oui, je me suis galamment acquitté
De la commission que vous m'avez donnée ;
Et, du haut du rocher, je l'ai, cette beauté,
Par le milieu des airs, doucement amenée
    Dans ce beau palais enchanté,
    Où vous pouvez en liberté
    Disposer de sa destinée.
Mais vous me surprenez par ce grand changement
    Qu'en votre personne vous faites :
Cette taille, ces traits, et cet ajustement,
    Cachent tout-à-fait qui vous êtes ;
Et je donne aux plus fins à pouvoir en ce jour
    Vous reconnoître pour l'Amour.

L'AMOUR.

Aussi ne veux-je pas qu'on puisse me connoître :
Je ne veux à Psyché que découvrir mon cœur,
Rien que les beaux transports de cette vive ardeur
    Que ses doux charmes y font naître ;

Et pour en exprimer l'amoureuse langueur,
    Et cacher ce que je puis être
    Aux yeux qui m'imposent des lois,
    J'ai pris la forme que tu vois.

ZÉPHYRE.

    En tout vous êtes un grand maître,
    C'est ici que je le connois.
Sous des déguisements de diverse nature
    On a vu les dieux amoureux
Chercher à soulager cette douce blessure
Que reçoivent les cœurs de vos traits pleins de feux :
    Mais en bon sens vous l'emportez sur eux ;
    Et voilà la bonne figure
    Pour avoir un succès heureux
Près de l'aimable sexe où l'on porte ses vœux.
Oui, de ces formes-là l'assistance est bien forte ;
    Et, sans parler ni de rang ni d'esprit,
Qui peut trouver moyen d'être fait de la sorte
    Ne soupire guère à crédit.

L'AMOUR.

    J'ai résolu, mon cher Zéphyre,
    De demeurer ainsi toujours ;
    Et l'on ne peut le trouver à redire
    A l'aîné de tous les Amours.
Il est temps de sortir de cette longue enfance
    Qui fatigue ma patience ;
Il est temps désormais que je devienne grand.

ZÉPHYRE.

    Fort bien, vous ne pouvez mieux faire ;
    Et vous entrez dans un mystère
    Qui ne demande rien d'enfant.

L'AMOUR.

Ce changement sans doute irritera ma mère.

ZÉPHYRE.

Je prévois là-dessus quelque peu de colère.
Bien que les disputes des ans
Ne doivent point régner parmi les immortelles,
Votre mère Vénus est de l'humeur des belles,
Qui n'aiment point de grands enfants.
Mais où je la trouve outragée,
C'est dans le procédé que l'on vous voit tenir;
Et c'est l'avoir étrangement vengée
Que d'aimer la beauté qu'elle vouloit punir.
Cette haine, où ses vœux prétendent que réponde
La puissance d'un fils que redoutent les dieux....

L'AMOUR.

Laissons cela, Zéphyre, et me dis si tes yeux
Ne trouvent pas Psyché la plus belle du monde.
Est-il rien sur la terre, est-il rien dans les cieux
Qui puisse lui ravir le titre glorieux
De beauté sans seconde?
Mais je la vois, mon cher Zéphyre,
Qui demeure surprise à l'éclat de ces lieux.

ZÉPHYRE.

Vous pouvez vous montrer pour finir son martyre,
Lui découvrir son destin glorieux,
Et vous dire entre vous tout ce que peuvent dire
Les soupirs, la bouche et les yeux.
En confident discret, je sais ce qu'il faut faire
Pour ne pas interrompre un amoureux mystère.

SCÈNE II.
PSYCHÉ.

Où suis-je ? et, dans un lieu que je croyois barbare,
Quelle savante main a bâti ce palais
    Que l'art, que la nature pare
    De l'assemblage le plus rare
    Que l'œil puisse admirer jamais ?
    Tout rit, tout brille, tout éclate
Dans ces jardins, dans ces appartements,
    Dont les pompeux ameublements
    N'ont rien qui n'enchante et ne flatte ;
Et, de quelque côté que tournent mes frayeurs,
Je ne vois sous mes pas que de l'or ou des fleurs.
Le ciel auroit-il fait cet amas de merveilles
    Pour la demeure d'un serpent ?
Et lorsque par leur vue il amuse et suspend
De mon destin jaloux les rigueurs sans pareilles,
    Veut-il montrer qu'il s'en repent ?
Non, non, c'est de sa haine, en cruautés féconde,
    Le plus noir, le plus rude trait,
Qui, par une rigueur nouvelle et sans seconde,
    N'étale ce choix qu'elle a fait
    De ce qu'a de plus beau le monde,
Qu'afin que je le quitte avec plus de regret.
    Que son espoir est ridicule
    S'il croit par là soulager mes douleurs !
Tout autant de moments que ma mort se recule
    Sont autant de nouveaux malheurs ;
    Plus elle tarde, et plus de fois je meurs.
Ne me fais plus languir, viens prendre ta victime,
    Monstre qui dois me déchirer.

Veux-tu que je te cherche ? et faut-il que j'anime
    Tes fureurs à me dévorer ?
Si le ciel veut ma mort, si ma vie est un crime,
De ce peu qui m'en reste ose enfin t'emparer.
    Je suis lasse de murmurer
    Contre un châtiment légitime :
    Je suis lasse de soupirer ;
    Viens, que j'achève d'expirer.

SCÈNE III.
L'AMOUR, PSYCHÉ, ZÉPHYRE.

L'AMOUR.

Le voilà ce serpent, ce monstre impitoyable
Qu'un oracle étonnant pour vous a préparé,
Et qui n'est pas, peut-être, à tel point effroyable
    Que vous vous l'êtes figuré.

PSYCHÉ.

Vous, seigneur, vous seriez ce monstre dont l'oracle
    A menacé mes tristes jours,
Vous qui semblez plutôt un dieu qui, par miracle,
    Daigne venir lui-même à mon secours ?

L'AMOUR.

Quel besoin de secours au milieu d'un empire
    Où tout ce qui respire
N'attend que vos regards pour en prendre la loi,
Où vous n'avez à craindre autre monstre que moi ?

PSYCHÉ.

Qu'un monstre tel que vous inspire peu de crainte !
    Et que, s'il a quelque poison,
    Une ame auroit peu de raison
    De hasarder la moindre plainte

ACTE III, SCÈNE III.

Contre une favorable atteinte
Dont tout le cœur craindroit la guérison !
A peine je vous vois, que mes frayeurs cessées
Laissent évanouir l'image du trépas,
Et que je sens couler dans mes veines glacées
Un je ne sais quel feu que je ne connois pas.
J'ai senti de l'estime et de la complaisance,
De l'amitié, de la reconnoissance ;
De la compassion les chagrins innocents
M'en ont fait sentir la puissance :
Mais je n'ai point encor senti ce que je sens.
Je ne sais ce que c'est ; mais je sais qu'il me charme,
Que je n'en conçois point d'alarme :
Plus j'ai les yeux sur vous, plus je m'en sens charmer ;
Tout ce que j'ai senti n'agissoit point de même ;
Et je dirois que je vous aime,
Seigneur, si je savois ce que c'est que d'aimer.
Ne les détournez point, ces yeux qui m'empoisonnent,
Ces yeux tendres, ces yeux perçants, mais amoureux,
Qui semblent partager le trouble qu'ils me donnent.
Hélas ! plus ils sont dangereux,
Plus je me plais à m'attacher sur eux.
Par quel ordre du ciel, que je ne puis comprendre,
Vous dis-je plus que je ne dois,
Moi, de qui la pudeur devroit du moins attendre
Que vous m'expliquassiez le trouble où je vous vois ?
Vous soupirez, seigneur, ainsi que je soupire ;
Vos sens, comme les miens, paroissent interdits :
C'est à moi de m'en taire, à vous de me le dire ;
Et cependant c'est moi qui vous le dis.

L'AMOUR.

Vous avez eu, Psyché, l'ame toujours si dure,

Qu'il ne faut pas vous étonner
Si, pour en réparer l'injure,
L'Amour en ce moment se paye avec usure
De ceux qu'elle a dû lui donner.
Ce moment est venu qu'il faut que votre bouche
Exhale des soupirs si long-temps retenus ;
Et qu'en vous arrachant à cette humeur farouche,
Un amas de transports aussi doux qu'inconnus
Aussi sensiblement tout à-la-fois vous touche,
Qu'ils ont dû vous toucher durant tant de beaux jours
Dont cette ame insensible a profané le cours.

PSYCHÉ.

N'aimer point, c'est donc un grand crime ?

L'AMOUR.

En souffrez-vous un rude châtiment ?

PSYCHÉ.

C'est punir assez doucement.

L'AMOUR.

C'est lui choisir sa peine légitime,
Et se faire justice, en ce glorieux jour,
D'un manquement d'amour par un excès d'amour.

PSYCHÉ.

Que n'ai-je été plus tôt punie !
J'y mets le bonheur de ma vie.
Je devrois en rougir, ou le dire plus bas :
Mais le supplice a trop d'appas ;
Permettez que tout haut je le die et redie :
Je le dirois cent fois, et n'en rougirois pas.
Ce n'est point moi qui parle, et de votre présence
L'empire surprenant, l'aimable violence,
Dès que je veux parler, s'empare de ma voix.

C'est en vain qu'en secret ma pudeur s'en offense,
      Que le sexe et la bienséance
      Osent me faire d'autres lois :
Vos yeux de ma réponse eux-mêmes font le choix;
Et ma bouche, asservie à leur toute-puissance,
Ne me consulte plus sur ce que je me dois.

L'AMOUR.

Croyez, belle Psyché, croyez ce qu'ils vous disent,
      Ces yeux qui ne sont point jaloux :
      Qu'à l'envi les vôtres m'instruisent
      De tout ce qui se passe en vous.
      Croyez-en ce cœur qui soupire,
Et qui, tant que le vôtre y voudra repartir,
      Vous dira bien plus, d'un soupir,
      Que cent regards ne peuvent dire.
      C'est le langage le plus doux;
    C'est le plus fort, c'est le plus sûr de tous.

PSYCHÉ.

      L'intelligence en étoit due
A nos cœurs, pour les rendre également contents.
    J'ai soupiré, vous m'avez entendue;
      Vous soupirez, je vous entends.
    Mais ne me laissez plus en doute,
Seigneur, et dites-moi si, par la même route,
Après moi, le Zéphyre ici vous a rendu
      Pour me dire ce que j'écoute :
Quand j'y suis arrivée étiez-vous attendu ?
Et, quand vous lui parlez, êtes-vous entendu ?

L'AMOUR.

J'ai dans ce doux climat un souverain empire,
      Comme vous l'avez sur mon cœur;
L'Amour m'est favorable, et c'est en sa faveur

Qu'à mes ordres Éole a soumis le Zéphyre.
C'est l'Amour qui, pour voir mes feux récompensés,
　　　Lui-même a dicté cet oracle
　　　Par qui vos beaux jours menacés
D'une foule d'amants se sont débarrassés,
Et qui m'a délivré de l'éternel obstacle
　　　De tant de soupirs empressés
Qui ne méritoient pas de vous être adressés.
Ne me demandez point quelle est cette province,
　　　　Ni le nom de son prince ;
　　Vous le saurez quand il en sera temps.
Je veux vous acquérir, mais c'est par mes services,
Par des soins assidus, et par des vœux constants,
　　　Par les amoureux sacrifices
　　　　De tout ce que je suis,
　　　　De tout ce que je puis,
Sans que l'éclat du rang pour moi vous sollicite,
Sans que de mon pouvoir je me fasse un mérite ;
Et, bien que souverain dans cet heureux séjour,
Je ne vous veux, Psyché, devoir qu'à mon amour.
Venez en admirer avec moi les merveilles,
Princesse, et préparez vos yeux et vos oreilles
　　　A ce qu'il a d'enchantements :
　Vous y verrez des bois et des prairies
　　　Contester sur leurs agréments
　　　Avec l'or et les pierreries ;
Vous n'entendrez que des concerts charmants ;
　De cent beautés vous y serez servie,
Qui vous adoreront sans vous porter envie,
　　　Et brigueront à tous moments,
　　　D'une ame soumise et ravie,
　　　L'honneur de vos commandements.

ACTE III, SCÈNE III.

PSYCHÉ.

Mes volontés suivent les vôtres;
Je n'en saurois plus avoir d'autres.
Mais votre oracle enfin vient de me séparer
De deux sœurs, et du roi mon père,
Que mon trépas imaginaire
Réduit tous trois à me pleurer :
Pour dissiper l'erreur dont leur ame accablée
De mortels déplaisirs se voit pour moi comblée,
Souffrez que mes sœurs soient témoins
Et de ma gloire et de vos soins;
Prêtez-leur, comme à moi, les ailes du Zéphyre,
Qui leur puissent de votre empire,
Ainsi qu'à moi, faciliter l'accès;
Faites-leur voir en quel lieu je respire :
Faites-leur de ma perte admirer le succès.

L'AMOUR.

Vous ne me donnez pas, Psyché, toute votre ame.
Ce tendre souvenir d'un père et de deux sœurs
Me vole une part des douceurs
Que je veux toutes pour ma flamme.
N'ayez d'yeux que pour moi qui n'en ai que pour vous;
Ne songez qu'à m'aimer, ne songez qu'à me plaire.
Et quand de tels soucis osent vous en distraire....

PSYCHÉ.

Des tendresses du sang peut-on être jaloux?

L'AMOUR.

Je le suis, ma Psyché, de toute la nature.
Les rayons du soleil vous baisent trop souvent :
Vos cheveux souffrent trop les caresses du vent;
Dès qu'il les flatte, j'en murmure :
L'air même que vous respirez

Avec trop de plaisir passe par votre bouche :
> Votre habit de trop près vous touche :
> Et sitôt que vous soupirez,
> Je ne sais quoi qui m'effarouche

Craint parmi vos soupirs des soupirs égarés.
Mais vous voulez vos sœurs : allez, partez Zéphyre ;
> Psyché le veut, je ne l'en puis dédire.

(Zéphyre s'envole.)

SCÈNE IV.
L'AMOUR, PSYCHÉ.

L'AMOUR.

Quand vous leur ferez voir ce bienheureux séjour,
> De ses trésors faites-leur cent largesses,
> Prodiguez-leur caresses sur caresses ;

Et du sang, s'il se peut, épuisez les tendresses
> Pour vous rendre toute à l'amour.

Je n'y mêlerai point d'importune présence.
Mais ne leur faites pas de si longs entretiens ;
Vous ne sauriez pour eux avoir de complaisance
> Que vous ne dérobiez aux miens.

PSYCHÉ.

> Votre amour me fait une grace
> Dont je n'abuserai jamais.

L'AMOUR.

Allons voir cependant ces jardins, ce palais,
Où vous ne verrez rien que votre éclat n'efface.
Et vous, petits Amours, et vous, jeunes Zéphyrs,
Qui pour armes n'avez que de tendres soupirs,
Montrez tous à l'envi ce qu'à voir ma princesse
> Vous avez senti d'alégresse.

FIN DU TROISIÈME ACTE.

ACTE QUATRIÈME.

(Le théâtre représente un jardin superbe et charmant; on y voit des berceaux de verdure soutenus par des termes d'or, décorés par des vases d'orangers et par des arbres chargés de toutes sortes de fruits. Le milieu du théâtre est rempli des fleurs les plus belles et les plus rares. On découvre dans l'enfoncement plusieurs dômes de rocailles, ornés de coquillages, de fontaines et de statues; et toute cette vue se termine par un magnifique palais.)

SCÈNE I.

AGLAURE, CYDIPPE.

AGLAURE.

Je n'en puis plus, ma sœur; j'ai vu trop de merveilles:
L'avenir aura peine à les bien concevoir;
Le soleil qui voit tout, et qui nous fait tout voir,
    N'en a jamais vu de pareilles.
    Elles me chagrinent l'esprit;
Et ce brillant palais, ce pompeux équipage,
    Font un odieux étalage
Qui m'accable de honte autant que de dépit.
    Que la fortune indignement nous traite!
    Et que sa largesse indiscrète
Prodigue aveuglément, epuise, unit d'efforts,

Pour faire de tant de trésors
Le partage d'une cadette !

CYDIPPE.

J'entre dans tous vos sentiments,
J'ai les mêmes chagrins ; et dans ces lieux charmants
Tout ce qui vous déplaît me blesse ;
Tout ce que vous prenez pour un mortel affront,
Comme vous m'accable, et me laisse
L'amertume dans l'ame et la rougeur au front.

AGLAURE.

Non, ma sœur, il n'est point de reines
Qui, dans leur propre état, parlent en souveraines
Comme Psyché parle en ces lieux.
On l'y voit obéie avec exactitude,
Et de ses volontés une amoureuse étude
Les cherche jusque dans ses yeux.
Mille beautés s'empressent autour d'elle,
Et semblent dire à nos regards jaloux :
Quels que soient nos attraits, elle est encor plus belle ;
Et nous, qui la servons, le sommes plus que vous.
Elle prononce, on exécute ;
Aucun ne s'en défend, aucun ne s'en rebute.
Flore, qui s'attache à ses pas,
Répand à pleines mains autour de sa personne
Ce qu'elle a de plus doux appas ;
Zéphyre vole aux ordres qu'elle donne ;
Et son amante et lui, s'en laissant trop charmer,
Quittent pour la servir les soins de s'entre-aimer.

CYDIPPE.

Elle a des dieux à son service,
Elle aura bientôt des autels ;

Et nous ne commandons qu'à de chétifs mortels
De qui l'audace et le caprice,
Contre nous à toute heure en secret révoltés,
Opposent à nos volontés
Ou le murmure ou l'artifice !

AGLAURE.

C'étoit peu que dans notre cour
Tant de cœurs à l'envi nous l'eussent préférée ;
Ce n'étoit pas assez que de nuit et de jour
D'une foule d'amants elle y fût adorée :
Quand nous nous consolions de la voir au tombeau
Par l'ordre imprévu d'un oracle,
Elle a voulu de son destin nouveau
Faire en notre présence éclater le miracle,
Et choisir nos yeux pour témoins
De ce qu'au fond du cœur nous souhaitions le moins.

CYDIPPE.

Ce qui le plus me désespère,
C'est cet amant parfait et si digne de plaire
Qui se captive sous ses lois.
Quand nous pourrions choisir entre tous les monarques,
En est-il un, de tant de rois,
Qui porte de si nobles marques ?
Se voir du bien par-delà ses souhaits
N'est souvent qu'un bonheur qui fait des misérables ;
Il n'est ni train pompeux ni superbe palais
Qui n'ouvrent quelque porte à des maux incurables :
Mais avoir un amant d'un mérite achevé,
Et s'en voir chèrement aimée,
C'est un bonheur si haut, si relevé,
Que sa grandeur ne peut être exprimée.

AGLAURE.

N'en parlons plus, ma sœur, nous en mourrions d'ennui :
    Songeons plutôt à la vengeance,
Et trouvons le moyen de rompre entre elle et lui
    Cette adorable intelligence.
La voici. J'ai des coups tout prêts à lui porter,
    Qu'elle aura peine d'éviter.

SCÈNE II.
PSYCHÉ, AGLAURE, CYDIPPE.

PSYCHÉ.

Je viens vous dire adieu ; mon amant vous renvoie,
    Et ne sauroit plus endurer
Que vous lui retranchiez un moment de la joie
Qu'il prend de se voir seul à me considérer :
Dans un simple regard, dans la moindre parole
    Son amour trouve des douceurs
    Qu'en faveur du sang je lui vole
    Quand je les partage à des sœurs.

AGLAURE.

    La jalousie est assez fine ;
    Et ces délicats sentiments
    Méritent bien qu'on s'imagine
Que celui qui pour vous a ces empressements
    Passe le commun des amants.
Je vous en parle ainsi faute de le connoître.
Vous ignorez son nom et ceux dont il tient l'être ;
    Nos esprits en sont alarmés.
Je le tiens un grand prince, et d'un pouvoir suprême,
    Bien au-delà du diadème ;
Ses trésors sous vos pas confusément semés
Ont de quoi faire honte à l'abondance même ;

ACTE IV, SCÈNE II.

Vous l'aimez autant qu'il vous aime ;
Il vous charme, et vous le charmez :
Votre félicité, ma sœur, seroit extrême
Si vous saviez qui vous aimez.

PSYCHÉ.

Que m'importe ? j'en suis aimée ;
Plus il me voit, plus je lui plais.
Il n'est point de plaisirs dont l'ame soit charmée
Qui ne préviennent mes souhaits ;
Et je vois mal de quoi la vôtre est alarmée
Quand tout me sert dans ce palais.

AGLAURE.

Qu'importe qu'ici tout vous serve,
Si toujours cet amant vous cache ce qu'il est ?
Nous ne nous alarmons que pour votre intérêt.
En vain tout vous y rit, en vain tout vous y plaît,
Le véritable amour ne fait point de réserve ;
Et qui s'obstine à se cacher
Sent quelque chose en soi qu'on lui peut reprocher.
Si cet amant devient volage,
Car souvent en amour le change est assez doux ;
Et, j'ose le dire entre nous,
Pour grand que soit l'éclat dont brille ce visage,
Il en peut être ailleurs d'aussi belles que vous :
Si, dis-je, un autre objet sous d'autres lois l'engage,
Si, dans l'état où je vous voi,
Seule en ses mains et sans défense,
Il va jusqu'à la violence,
Sur qui vous vengera le roi,
Ou de ce changement, ou de cette insolence ?

PSYCHÉ.

Ma sœur, vous me faites trembler.

Juste ciel ! pourrois-je être assez infortunée....

CYDIPPE.

Que sait-on si déjà les nœuds de l'hyménée....

PSYCHÉ.

N'achevez pas, ce seroit m'accabler.

AGLAURE.

Je n'ai plus qu'un mot à vous dire.
Ce prince qui vous aime, et qui commande aux vents,
Qui nous donne pour char les ailes du Zéphyre,
Et de nouveaux plaisirs vous comble à tous moments,
Quand il rompt à vos yeux l'ordre de la nature,
Peut-être à tant d'amour mêle un peu d'imposture ;
Peut-être ce palais n'est qu'un enchantement ;
Et ces lambris dorés, ces amas de richesses
 Dont il achète vos tendresses,
Dès qu'il sera lassé de souffrir vos caresses,
 Disparoîtront en un moment.
Vous savez comme nous ce que peuvent les charmes.

PSYCHÉ.

Que je sens à mon tour de cruelles alarmes !

AGLAURE.

Notre amitié ne veut que votre bien.

PSYCHÉ.

Adieu, mes sœurs ; finissons l'entretien.
J'aime, et je crains qu'on ne s'impatiente.
 Partez ; et demain, si je puis,
 Vous me verrez ou plus contente,
Ou dans l'accablement des plus mortels ennuis.

AGLAURE.

Nous allons dire au roi quelle nouvelle gloire,
Quel excès de bonheur le ciel répand sur vous.

CYDIPPE.

Nous allons lui conter d'un changement si doux
   La surprenante et merveilleuse histoire.

PSYCHÉ.

Ne l'inquiétez pas, ma sœur, de vos soupçons ;
Et quand vous lui peindrez un si charmant empire....

AGLAURE.

Nous savons toutes deux ce qu'il faut taire ou dire,
Et n'avons pas besoin sur ce point de leçons.
(Un nuage descend, qui enveloppe les deux sœurs de Psyché ;
   Zéphyre les enlève dans les airs.)

SCÈNE III.

L'AMOUR, PSYCHÉ.

L'AMOUR.

Enfin vous êtes seule, et je puis vous redire,
Sans avoir pour témoins vos importunes sœurs,
Ce que des yeux si beaux ont pris sur moi d'empire,
   Et quels excès ont les douceurs
   Qu'une sincère ardeur inspire
   Sitôt qu'elle assemble deux cœurs !
Je puis vous expliquer de mon ame ravie
   Les amoureux empressements,
 Et vous jurer qu'à vous seule asservie
Elle n'a pour objets de ses ravissements
Que de voir cette ardeur de même ardeur suivie,
   Ne concevoir plus d'autre envie
   Que de régler mes vœux sur vos désirs,
Et de ce qui vous plaît faire tous mes plaisirs.
   Mais d'où vient qu'un triste nuage

PSYCHÉ.

Semble offusquer l'éclat de ces beaux yeux ?
Vous manque-t-il quelque chose en ces lieux ?
Des vœux qu'on vous y rend dédaignez-vous l'hommage ?

PSYCHÉ.

Non, seigneur.

L'AMOUR.

Qu'est-ce donc? et d'où vient mon malheur?
J'entends moins de soupirs d'amour que de douleur ;
Je vois de votre teint les roses amorties
 Marquer un déplaisir secret ;
  Vos sœurs à peine sont parties,
  Que vous soupirez de regret.
Ah ! Psyché, de deux cœurs quand l'ardeur est la même,
  Ont-ils des soupirs différents ?
Et quand on aime bien, et qu'on voit ce qu'on aime,
  Peut-on songer à des parents ?

PSYCHÉ.

Ce n'est point là ce qui m'afflige.

L'AMOUR.

  Est-ce l'absence d'un rival,
Et d'un rival aimé, qui fait qu'on me néglige ?

PSYCHÉ.

Dans un cœur tout à vous que vous pénétrez mal !
Je vous aime, seigneur, et mon ame s'irrite
De l'indigne soupçon que vous avez formé.
Vous ne connoissez pas quel est votre mérite,
  Si vous craignez de n'être pas aimé.
Je vous aime ; et, depuis que j'ai vu la lumière,
  Je me suis montrée assez fière
 Pour dédaigner les vœux de plus d'un roi ;
Et s'il vous faut ouvrir mon ame tout entière,

ACTE IV, SCÈNE III.

Je n'ai trouvé que vous qui fût digne de moi.
    Cependant j'ai quelque tristesse
    Qu'en vain je voudrois vous cacher;
Un noir chagrin se mêle à toute ma tendresse,
    Dont je ne la puis détacher.
    Ne m'en demandez point la cause :
Peut-être, la sachant, voudrez-vous m'en punir;
Et si j'ose aspirer encore à quelque chose,
Je suis sûre du moins de ne point l'obtenir.

L'AMOUR.

Et ne craignez-vous point qu'à mon tour je m'irrite
Que vous connoissiez mal quel est votre mérite,
    Ou feigniez de ne pas savoir
  Quel est sur moi votre absolu pouvoir ?
Ah ! si vous en doutez, soyez désabusée.
Parlez.

PSYCHÉ.

    J'aurai l'affront de me voir refusée.

L'AMOUR.

Prenez en ma faveur de meilleurs sentiments,
    L'expérience en est aisée;
Parlez, tout se tient prêt à vos commandements.
    Si pour m'en croire il vous faut des serments,
J'en jure vos beaux yeux, ces maîtres de mon ame,
    Ces divins auteurs de ma flamme;
Et si ce n'est assez d'en jurer vos beaux yeux,
J'en jure par le Styx, comme jurent les dieux.

PSYCHÉ.

J'ose craindre un peu moins après cette assurance.
Seigneur, je vois ici la pompe et l'abondance;
    Je vous adore, et vous m'aimez;

Mon cœur en est ravi, mes sens en sont charmés :
 Mais, parmi ce bonheur suprême,
J'ai le malheur de ne savoir qui j'aime.
 Dissipez cet aveuglement,
Et faites-moi connoître un si parfait amant.

L'AMOUR.

Psyché, que venez-vous de dire ?

PSYCHÉ.

Que c'est le bonheur où j'aspire ;
Et si vous ne me l'accordez....

L'AMOUR.

Je l'ai juré, je n'en suis plus le maître ;
Mais vous ne savez pas ce que vous demandez.
Laissez-moi mon secret. Si je me fais connoître,
 Je vous perds et vous me perdez.
Le seul remède est de vous en dédire.

PSYCHÉ.

C'est là sur vous mon souverain empire !

L'AMOUR.

Vous pouvez tout, et je suis tout à vous ;
 Mais si nos feux vous semblent doux,
Ne mettez point d'obstacle à leur charmante suite ;
 Ne me forcez point à la fuite :
C'est le moindre malheur qui nous puisse arriver
 D'un souhait qui vous a séduite.

PSYCHÉ.

Seigneur, vous voulez m'éprouver ;
 Mais je sais ce que j'en dois croire.
De grace apprenez-moi tout l'excès de ma gloire,
Et ne me cachez plus pour quel illustre choix
 J'ai rejeté les vœux de tant de rois.

ACTE IV, SCÈNE III.

L'AMOUR.

Le voulez-vous?

PSYCHÉ.

Souffrez que je vous en conjure.

L'AMOUR.

Si vous saviez, Psyché, la cruelle aventure
Que par là vous vous attirez....

PSYCHÉ.

Seigneur, vous me désespérez.

L'AMOUR.

Pensez-y bien, je puis encor me taire.

PSYCHÉ.

Faites-vous des serments pour n'y point satisfaire?

L'AMOUR.

Eh bien! je suis le dieu le plus puissant des dieux,
Absolu sur la terre, absolu dans les cieux;
Dans les eaux, dans les airs mon pouvoir est suprême;
En un mot, je suis l'Amour même
Qui de mes propres traits m'étois blessé pour vous;
Et sans la violence, hélas! que vous me faites,
Et qui vient de changer mon amour en courroux,
Vous m'alliez avoir pour époux.
Vos volontés sont satisfaites,
Vous avez su qui vous aimiez,
Vous connoissez l'amant que vous charmiez;
Psyché, voyez où vous en êtes:
Vous me forcez vous-même à vous quitter;
Vous me forcez vous-même à vous ôter
Tout l'effet de votre victoire.

Peut-être vos beaux yeux ne me reverront plus;
Ce palais, ces jardins, avec moi disparus,
Vont faire évanouir votre naissante gloire.
  Vous n'avez pas voulu m'en croire;
  Et, pour tout fruit de ce doute éclairci,
  Le Destin, sous qui le ciel tremble,
Plus fort que mon amour, que tous les dieux ensemble,
Vous va montrer sa haine, et me chasse d'ici.

(L'Amour s'envole, et le jardin s'évanouit.)

SCÈNE IV.

(Le théâtre représente un désert et les bords sauvages d'un fleuve.)

PSYCHÉ, LE DIEU DU FLEUVE, *assis sur un amas de roseaux et appuyé sur une urne.*

PSYCHÉ.

Cruel destin ! funeste inquiétude !
  Fatale curiosité !
Qu'avez-vous fait, affreuse solitude,
  De toute ma félicité ?
J'aimois un dieu, j'en étois adorée ;
Mon bonheur redoubloit de moment en moment ;
  Et je me vois seule, éplorée,
Au milieu d'un désert, où, pour accablement
  Et confuse et désespérée,
Je sens croître l'amour quand j'ai perdu l'amant !
 Le souvenir m'en charme et m'empoisonne ;
Sa douceur tyrannise un cœur infortuné
Qu'aux plus cuisants chagrins ma flamme a condamné.
  O ciel ! quand l'Amour m'abandonne,

Pourquoi me laisse-t-il l'amour qu'il m'a donné ?
Source de tous les biens, inépuisable et pure,
    Maître des hommes et des dieux,
    Cher auteur des maux que j'endure,
Êtes-vous pour jamais disparu de mes yeux ?
    Je vous en ai banni moi-même :
Dans un excès d'amour, dans un bonheur extrême,
D'un indigne soupçon mon cœur s'est alarmé.
Cœur ingrat, tu n'avois qu'un feu mal allumé ;
Et l'on ne peut vouloir, du moment que l'on aime,
    Que ce que veut l'objet aimé.
Mourons, c'est le parti qui seul me reste à suivre
    Après la perte que je fais.
    Pour qui, grands dieux ! voudrois-je vivre ?
    Et pour qui former des souhaits ?
Fleuve, de qui les eaux baignent ces tristes sables,
    Ensevelis mon crime dans tes flots ;
    Et pour finir des maux si déplorables,
Laisse-moi dans ton lit assurer mon repos.

LE DIEU DU FLEUVE.

    Ton trépas souilleroit mes ondes,
    Psyché ; le ciel te le défend ;
Et peut-être qu'après des douleurs si profondes
    Un autre sort t'attend.
Fuis plutôt de Vénus l'implacable colère.
Je la vois qui te cherche et qui te veut punir :
L'amour du fils a fait la haine de la mère.
    Fuis, je saurai la retenir.

PSYCHÉ.

    J'attends ses fureurs vengeresses ;
Qu'auront-elles pour moi qui ne me soit trop doux ?

Qui cherche le trépas ne craint dieux ni déesses,
Et peut braver tout leur courroux.

SCÈNE V.

VÉNUS, PSYCHÉ, LE DIEU DU FLEUVE.

VÉNUS.

Orgueilleuse Psyché, vous m'osez donc attendre
Après m'avoir sur terre enlevé mes honneurs,
Après que vos traits suborneurs
Ont reçu les encens qu'aux miens seuls on doit rendre !
J'ai vu mes temples désertés ;
J'ai vu tous les mortels, séduits par vos beautés,
Idolâtrer en vous la beauté souveraine,
Vous offrir des respects jusqu'alors inconnus,
Et ne se mettre pas en peine
S'il étoit une autre Vénus :
Et je vous vois encor l'audace
De n'en pas redouter les justes châtiments,
Et de me regarder en face,
Comme si c'étoit peu que mes ressentiments !

PSYCHÉ.

Si de quelques mortels on m'a vue adorée,
Est-ce un crime pour moi d'avoir eu des appas
Dont leur ame inconsidérée
Laissoit charmer des yeux qui ne vous voyoient pas ?
Je suis ce que le ciel m'a faite,
Je n'ai que les beautés qu'il m'a voulu prêter.
Si les vœux qu'on m'offroit vous ont mal satisfaite,
Pour forcer tous les cœurs à vous les reporter
Vous n'aviez qu'à vous présenter,
Qu'à ne leur cacher plus cette beauté parfaite

ACTE IV, SCÈNE V.

Qui, pour les rendre à leur devoir,
Pour se faire adorer n'a qu'à se faire voir.

VÉNUS.

Il falloit mieux vous en défendre.
Ces respects, ces encens se devoient refuser ;
Et, pour les mieux désabuser,
Il falloit à leurs yeux vous-même me les rendre.
Vous avez aimé cette erreur
Pour qui vous ne deviez avoir que de l'horreur :
Vous avez bien fait plus ; votre humeur arrogante,
Sur le mépris de mille rois,
Jusques aux cieux a porté de son choix
L'ambition extravagante.

PSYCHÉ.

J'aurois porté mon choix, déesse, jusqu'aux cieux ?

VÉNUS.

Votre insolence est sans seconde.
Dédaigner tous les rois du monde,
N'est-ce pas aspirer aux dieux ?

PSYCHÉ.

Si l'Amour pour eux tous m'avoit endurci l'ame,
Et me réservoit toute à lui,
En puis-je être coupable ? et faut-il qu'aujourd'hui,
Pour prix d'une si belle flamme,
Vous vouliez m'accabler d'un éternel ennui ?

VÉNUS.

Psyché, vous deviez mieux connoître
Qui vous étiez, et quel étoit ce dieu.

PSYCHÉ.

Et m'en a-t-il donné ni le temps ni le lieu,
Lui qui de tout mon cœur d'abord s'est rendu maître ?

VÉNUS.

Tout votre cœur s'en est laissé charmer,
Et vous l'avez aimé dès qu'il vous a dit, J'aime.

PSYCHÉ.

Pouvois-je n'aimer pas le dieu qui fait aimer,
  Et qui me parloit pour lui-même ?
C'est votre fils ; vous savez son pouvoir ;
  Vous en connoissez le mérite.

VÉNUS.

Oui, c'est mon fils, mais un fils qui m'irrite,
Un fils qui me rend mal ce qu'il sait me devoir,
  Un fils qui fait qu'on m'abandonne,
Et qui, pour mieux flatter ses indignes amours,
Depuis que vous l'aimez ne blesse plus personne
Qui vienne à mes autels implorer mon secours.
  Vous m'en avez fait un rebelle :
On m'en verra vengée, et hautement, sur vous ;
Et je vous apprendrai s'il faut qu'une mortelle
  Souffre qu'un dieu soupire à ses genoux.
Suivez-moi, vous verrez, par votre expérience,
  A quelle folle confiance
  Vous portoit cette ambition.
Venez, et préparez autant de patience
  Qu'on vous voit de présomption.

FIN DU QUATRIÈME ACTE.

ACTE CINQUIÈME.

(La scène représente les enfers. On y voit une mer toute de feu, dont les flots sont dans une perpétuelle agitation. Cette mer effroyable est bornée par des ruines enflammées; et au milieu de ses flots agités, au travers d'une gueule affreuse, paroît le palais infernal de Pluton. Psyché passe dans une barque, et paroît avec la boîte qu'elle a été demander à Proserpine de la part de Vénus.)

SCÈNE I.

PSYCHÉ.

Effroyables replis des ondes infernales,
Noirs palais où Mégère et ses sœurs font leur cour,
  Éternels ennemis du jour,
Parmi vos Ixions et parmi vos Tantales,
Parmi tant de tourments qui n'ont point d'intervalles,
  Est-il dans votre affreux séjour
  Quelques peines qui soient égales
Aux travaux où Vénus condamne mon amour?
  Elle n'en peut être assouvie;
Et depuis qu'à ses lois je me trouve asservie,
Depuis qu'elle me livre à ses ressentiments,
  Il m'a fallu dans ces cruels moments
   Plus d'une ame et plus d'une vie
   Pour remplir ses commandements.

Je souffrirois tout avec joie,
Si, parmi les rigueurs que sa haine déploie,
Mes yeux pouvoient revoir, ne fût-ce qu'un moment,
　　　Ce cher, cet adorable amant.
Je n'ose le nommer : ma bouche, criminelle
　　　D'avoir trop exigé de lui,
S'en est rendue indigne ; et, dans ce dur ennui,
　　　La souffrance la plus mortelle
Dont m'accable à toute heure un renaissant trépas,
　　　Est celle de ne le voir pas.
　　　Si son courroux duroit encore,
Jamais aucun malheur n'approcheroit du mien ;
Mais s'il avoit pitié d'une ame qui l'adore,
Quoi qu'il fallût souffrir, je ne souffrirois rien.
Oui, destins, s'il calmoit cette juste colère,
　　　Tous mes malheurs seroient finis :
Pour me rendre insensible aux fureurs de la mère,
　　　Il ne faut qu'un regard du fils.
Je n'en veux plus douter, il partage ma peine ;
Il voit ce que je souffre, et souffre comme moi ;
　　　Tout ce que j'endure le gêne ;
Lui-même il s'en impose une amoureuse loi.
En dépit de Vénus, en dépit de mon crime,
C'est lui qui me soutient, c'est lui qui me ranime
Au milieu des périls où l'on me fait courir ;
Il garde la tendresse où son feu le convie,
Et prend soin de me rendre une nouvelle vie
　　　Chaque fois qu'il me faut mourir.

　　　Mais que me veulent ces deux ombres
Qu'à travers le faux jour de ces demeures sombres
　　　J'entrevois s'avancer vers moi ?

SCÈNE II.

PSYCHÉ, CLÉOMÈNE, AGÉNOR.

PSYCHÉ.

Cléomène, Agénor, est-ce vous que je vois ?
    Qui vous a ravi la lumière ?

CLÉOMÈNE.

La plus juste douleur qui d'un beau désespoir
    Nous eût pu fournir la matière ;
Cette pompe funèbre où du sort le plus noir
    Vous attendiez la rigueur la plus fière,
    L'injustice la plus entière.

AGÉNOR.

Sur ce même rocher où le ciel en courroux
    Vous promettoit au lieu d'époux
Un serpent dont soudain vous seriez dévorée,
    Nous tenions la main préparée
A repousser sa rage, ou mourir avec vous.
Vous le savez, princesse ; et lorsqu'à notre vue
Par le milieu des airs vous êtes disparue,
Du haut de ce rocher, pour suivre vos beautés,
Ou plutôt pour goûter cette amoureuse joie
D'offrir pour vous au monstre une première proie,
D'amour et de douleur l'un et l'autre emportés,
    Nous nous sommes précipités.

CLÉOMÈNE.

Heureusement déçus au sens de votre oracle,
Nous en avons ici reconnu le miracle,
Et su que le serpent prêt à vous dévorer
    Étoit le dieu qui fait qu'on aime,

Et qui, tout dieu qu'il est, vous adorant lui-même,
  Ne pouvoit endurer
Qu'un mortel comme nous osât vous adorer.

AGÉNOR.

  Pour prix de vous avoir suivie
Nous jouissons ici d'un trépas assez doux.
  Qu'avions-nous affaire de vie,
    Si nous ne pouvions être à vous?
  Nous revoyons ici vos charmes,
Qu'aucun des deux là-haut n'auroit revus jamais :
Heureux si nous voyons la moindre de vos larmes
Honorer des malheurs que vous nous avez faits !

PSYCHÉ.

  Puis-je avoir des larmes de reste,
Après qu'on a porté les miens au dernier point?
Unissons nos soupirs dans un sort si funeste :
    Les soupirs ne s'épuisent point.
Mais vous soupireriez, princes, pour une ingrate.
Vous n'avez point voulu survivre à mes malheurs ;
    Et, quelque douleur qui m'abatte,
    Ce n'est point pour vous que je meurs.

CLÉOMÈNE.

L'avons-nous mérité, nous dont toute la flamme
N'a fait que vous lasser du récit de nos maux?

PSYCHÉ.

Vous pouviez mériter, princes, toute mon ame,
    Si vous n'eussiez été rivaux.
    Ces qualités incomparables
Qui de l'un et de l'autre accompagnoient les vœux
    Vous rendoient tous deux trop aimables
    Pour mépriser aucun des deux.

AGÉNOR.

Vous avez pu, sans être injuste ni cruelle,
Nous refuser un cœur réservé pour un dieu.
Mais revoyez Vénus. Le destin nous rappelle,
    Et nous force à vous dire adieu.

PSYCHÉ.

Ne vous donne-t-il pas le loisir de me dire
    Quel est ici votre séjour?

CLÉOMÈNE.

Dans des bois toujours verts où d'amour on respire
    Aussitôt qu'on est mort d'amour :
D'amour on y revit, d'amour on y soupire,
Sous les plus douces lois de son heureux empire;
Et l'éternelle nuit n'ose en chasser le jour
    Que lui-même il attire
   Sur nos fantômes qu'il inspire,
Et dont aux enfers même il se fait une cour.

AGÉNOR.

Vos envieuses sœurs, après nous descendues,
    Pour vous perdre se sont perdues;
   Et l'une et l'autre tour-à-tour,
Pour le prix d'un conseil qui leur coûte la vie,
A côté d'Ixion, à côté de Titye,
Souffrent, tantôt la roue, et tantôt le vautour.
L'Amour, par les Zéphyrs, s'est fait prompte justice
De leur envenimée et jalouse malice :
Ces ministres ailés de son juste courroux,
Sous couleur de les rendre encore auprès de vous,
Ont plongé l'une et l'autre au fond d'un précipice,
Où le spectacle affreux de leurs corps déchirés
N'étale que le moindre et le premier supplice

De ces conseils dont l'artifice
Fait les maux dont vous soupirez.

PSYCHÉ.

Que je les plains !

CLÉOMÈNE.

Vous êtes seule à plaindre.
Mais nous demeurons trop à vous entretenir ;
Adieu. Puissions-nous vivre en votre souvenir !
Puissiez-vous, et bientôt, n'avoir plus rien à craindre !
Puisse, et bientôt, l'Amour vous enlever aux cieux,
Vous y mettre à côté des dieux,
Et, rallumant un feu qui ne se puisse éteindre,
Affranchir à jamais l'éclat de vos beaux yeux
D'augmenter le jour en ces lieux !

SCÈNE III.

PSYCHÉ.

PAUVRES amants ! Leur amour dure encore !
Tout morts qu'ils sont, l'un et l'autre m'adore,
Moi, dont la dureté reçut si mal leurs vœux !
Tu n'en fais pas ainsi, toi qui seul m'as ravie,
Amant que j'aime encor cent fois plus que ma vie,
Et qui brises de si beaux nœuds !
Ne me fuis plus, et souffre que j'espère
Que tu pourras un jour rabaisser l'œil sur moi,
Qu'à force de souffrir j'aurai de quoi te plaire ;
De quoi me rengager ta foi.
Mais ce que j'ai souffert m'a trop défigurée
Pour rappeler un tel espoir ;
L'œil abattu, triste, désespérée,
Languissante et décolorée,

ACTE V, SCÈNE III.

De quoi puis-je me prévaloir,
Si par quelque miracle, impossible à prévoir,
Ma beauté qui t'a plu ne se voit réparée ?
    Je porte ici de quoi la réparer ;
      Ce trésor de beauté divine,
Qu'en mes mains pour Vénus a remis Proserpine,
Enferme des appas dont je puis m'emparer :
      Et l'éclat en doit être extrême,
      Puisque Vénus, la beauté même,
      Les demande pour se parer.
En dérober un peu seroit-ce un si grand crime ?
Pour plaire aux yeux d'un dieu qui s'est fait mon amant,
Pour regagner son cœur et finir mon tourment,
      Tout n'est-il pas trop légitime ?
Ouvrons. Quelles vapeurs m'offusquent le cerveau !
Et que vois-je sortir de cette boîte ouverte ?
Amour, si ta pitié ne s'oppose à ma perte,
Pour ne revivre plus je descends au tombeau.

(Psyché s'évanouit.)

SCÈNE IV.

L'AMOUR, PSYCHÉ évanouie.

L'AMOUR.

Votre péril, Psyché, dissipe ma colère,
Ou plutôt de mes feux l'ardeur n'a point cessé ;
Et bien qu'au dernier point vous m'ayez su déplaire,
      Je ne me suis intéressé
      Que contre celle de ma mère.
J'ai vu tous vos travaux, j'ai suivi vos malheurs,
Mes soupirs ont partout accompagné vos pleurs.
Tournez les yeux vers moi, je suis encor le même.

Quoi ! je dis et redis tout haut que je vous aime,
Et vous ne dites point, Psyché, que vous m'aimez !
Est-ce que pour jamais vos beaux yeux sont fermés,
Qu'à jamais la clarté leur vient d'être ravie ?
O mort ! devois-tu prendre un dard si criminel,
Et, sans aucun respect pour mon être éternel,
    Attenter à ma propre vie ?
  Combien de fois, ingrate déité,
    Ai-je grossi ton noir empire
  Par les mépris et par la cruauté
  D'une orgueilleuse et farouche beauté !
    Combien même, s'il le faut dire,
  T'ai-je immolé de fidèles amants
    A force de ravissements !
    Va, je ne blesserai plus d'ames,
    Je ne percerai plus de cœurs
Qu'avec des dards trempés aux divines liqueurs
Qui nourrissent du ciel les immortelles flammes,
Et n'en lancerai plus que pour faire à tes yeux
    Autant d'amants, autant de dieux.
    Et vous, impitoyable mère,
    Qui la forcez à m'arracher
    Tout ce que j'avois de plus cher,
Craignez, à votre tour, l'effet de ma colère.
    Vous me voulez faire la loi,
Vous, qu'on voit si souvent la recevoir de moi !
Vous qui portez un cœur sensible comme un autre,
Vous enviez au mien les délices du vôtre !
Mais dans ce même cœur j'enfoncerai des coups
Qui ne seront suivis que de chagrins jaloux ;
Je vous accablerai de honteuses surprises,
Et choisirai partout à vos vœux les plus doux

Des Adonis et des Anchises
Qui n'auront que haine pour vous.

SCÈNE V.

VÉNUS, L'AMOUR, PSYCHÉ évanouie.

VÉNUS.

La menace est respectueuse ;
Et d'un enfant qui fait le révolté
La colère présomptueuse....

L'AMOUR.

Je ne suis plus enfant, et je l'ai trop été ;
Et ma colère est juste autant qu'impétueuse.

VÉNUS.

L'impétuosité s'en devroit retenir,
Et vous pourriez vous souvenir
Que vous me devez la naissance.

L'AMOUR.

Et vous pourriez n'oublier pas
Que vous avez un cœur et des appas
Qui relèvent de ma puissance ;
Que mon arc de la vôtre est l'unique soutien ;
Que sans mes traits elle n'est rien ;
Et que, si les cœurs les plus braves
En triomphe par vous se sont laissé traîner,
Vous n'avez jamais fait d'esclaves
Que ceux qu'il m'a plu d'enchaîner.
Ne me vantez donc plus ces droits de la naissance
Qui tyrannisent mes désirs ;
Et, si vous ne voulez perdre mille soupirs,
Songez en me voyant à la reconnoissance,

Vous qui tenez de ma puissance
Et votre gloire et vos plaisirs.

VÉNUS.

Comment l'avez-vous défendue,
Cette gloire dont vous parlez?
Comment me l'avez-vous rendue?
Et quand vous avez vu mes autels désolés,
Mes temples violés,
Mes honneurs ravalés,
Si vous avez pris part à tant d'ignominie,
Comment en a-t-on vu punie
Psyché qui me les a volés?
Je vous ai commandé de la rendre charmée
Du plus vil de tous les mortels,
Qui ne daignât répondre à son ame enflammée
Que par des rebuts éternels,
Par les mépris les plus cruels;
Et vous-même l'avez aimée!
Vous avez contre moi séduit les immortels;
C'est pour vous qu'à mes yeux les Zéphyrs l'ont cachée;
Qu'Apollon même, suborné
Par un oracle adroitement tourné,
Me l'avoit si bien arrachée,
Que si sa curiosité,
Par une aveugle défiance,
Ne l'eût rendue à ma vengeance,
Elle échappoit à mon cœur irrité.
Voyez l'état où votre amour l'a mise,
Votre Psyché; son ame va partir :
Voyez; et si la vôtre en est encore éprise,
Recevez son dernier soupir.
Menacez, bravez-moi, cependant qu'elle expire.

ACTE V, SCÈNE V.

Tant d'insolence vous sied bien !
Et je dois endurer quoi qu'il vous plaise dire,
Moi qui, sans vos traits, ne puis rien !

L'AMOUR.

Vous ne pouvez que trop, déesse impitoyable ;
Le Destin l'abandonne à tout votre courroux.
Mais soyez moins inexorable
Aux prières, aux pleurs d'un fils à vos genoux.
Ce doit vous être un spectacle assez doux
De voir d'un œil Psyché mourante,
Et de l'autre ce fils, d'une voix suppliante,
Ne vouloir plus tenir son bonheur que de vous.
Rendez-moi ma Psyché, rendez-lui tous ses charmes :
Rendez-la, déesse, à mes larmes ;
Rendez à mon amour, rendez à ma douleur
Le charme de mes yeux et le choix de mon cœur.

VÉNUS.

Quelque amour que Psyché vous donne,
De ses malheurs par moi n'attendez pas la fin ;
Si le Destin me l'abandonne,
Je l'abandonne à son destin.
Ne m'importunez plus ; et dans cette infortune
Laissez-la sans Vénus triompher ou périr.

L'AMOUR.

Hélas ! si je vous importune,
Je ne le ferois pas si je pouvois mourir.

VÉNUS.

Cette douleur n'est pas commune,
Qui force un immortel à souhaiter la mort.

L'AMOUR.

Voyez par son excès si mon amour est fort.
Ne lui ferez-vous grace aucune ?

VÉNUS.

Je vous l'avoue, il me touche le cœur,
Votre amour ; il désarme, il fléchit ma rigueur.
Votre Psyché reverra la lumière.

L'AMOUR.

Que je vous vais partout faire donner d'encens !

VÉNUS.

Oui, vous la reverrez dans sa beauté première :
Mais de vos vœux reconnoissants
Je veux la déférence entière ;
Je veux qu'un vrai respect laisse à mon amitié
Vous choisir une autre moitié.

L'AMOUR.

Et moi je ne veux plus de grace,
Je reprends toute mon audace ;
Je veux Psyché, je veux sa foi ;
Je veux qu'elle revive, et revive pour moi,
Et tiens indifférent que votre haine lasse
En faveur d'une autre se passe.
Jupiter qui paroît va juger entre nous
De mes emportements et de votre courroux.

(Après quelques éclairs et des roulements de tonnerre, Jupiter paroît en l'air sur son aigle, et descend sur terre.)

SCÈNE VI.

JUPITER, VÉNUS, L'AMOUR, PSYCHÉ évanouie.

L'AMOUR.

Vous à qui seul tout est possible,
Père des dieux, souverain des mortels,
Fléchissez la rigueur d'une mère inflexible,

ACTE V, SCÈNE VI.

  Qui sans moi n'auroit point d'autels.
J'ai pleuré, j'ai prié, je soupire, menace,
  Et perds menaces et soupirs.
Elle ne veut pas voir que de mes déplaisirs
Dépend du monde entier l'heureuse ou triste face,
  Et que si Psyché perd le jour,
Si Psyché n'est à moi, je ne suis plus l'Amour.
Oui, je romprai mon arc, je briserai mes flèches,
  J'éteindrai jusqu'à mon flambeau,
Je laisserai languir la nature au tombeau;
Ou, si je daigne aux cœurs faire encor quelques brèches
Avec ces pointes d'or qui me font obéir,
Je vous blesserai tous là-haut pour des mortelles,
  Et ne décocherai sur elles
Que des traits émoussés qui forcent à haïr,
  Et qui ne font que des rebelles,
  Des ingrates, et des cruelles.
  Par quelle tyrannique loi
Tiendrai-je à vous servir mes armes toujours prêtes,
Et vous ferai-je à tous conquêtes sur conquêtes,
Si vous me défendez d'en faire une pour moi?

   JUPITER, à Vénus.

Ma fille, sois-lui moins sévère.
Tu tiens de sa Psyché le destin en tes mains;
La Parque, au moindre mot, va suivre ta colère;
Parle, et laisse-toi vaincre aux tendresses de mère,
Ou redoute un courroux que moi-même je crains.
  Veux-tu donner le monde en proie
A la haine, au désordre, à la confusion;
  Et d'un dieu d'union,
  D'un dieu de douceur et de joie,
Faire un dieu d'amertume et de division?

Considère ce que nous sommes,
Et si les passions doivent nous dominer :
Plus la vengeance a de quoi plaire aux hommes,
Plus il sied bien aux dieux de pardonner.

VÉNUS.

Je pardonne à ce fils rebelle.
Mais voulez-vous qu'il me soit reproché
Qu'une misérable mortelle,
L'objet de mon courroux, l'orgueilleuse Psyché,
Sous ombre qu'elle est un peu belle,
Par un hymen dont je rougis
Souille mon alliance et le lit de mon fils?

JUPITER.

Eh bien! je la fais immortelle,
Afin d'y rendre tout égal.

VÉNUS.

Je n'ai plus de mépris ni de haine pour elle,
Et l'admets à l'honneur de ce nœud conjugal.

Psyché, reprenez la lumière
Pour ne la reperdre jamais.
Jupiter a fait votre paix,
Et je quitte cette humeur fière
Qui s'opposoit à vos souhaits.

PSYCHÉ, sortant de son évanouissement.

C'est donc vous, ô grande déesse,
Qui redonnez la vie à ce cœur innocent!

VÉNUS.

Jupiter vous fait grace, et ma colère cesse.
Vivez, Vénus l'ordonne; aimez, elle y consent.

ACTE V, SCÈNE VI.

PSYCHÉ, à l'Amour.

Je vous revois enfin, cher objet de ma flamme!

L'AMOUR, à Psyché.

Je vous possède enfin, délices de mon ame!

JUPITER.

Venez, amants, venez aux cieux
Achever un si grand et si digne hyménée.
Viens-y, belle Psyché, changer de destinée,
Viens prendre place au rang des dieux.

FIN DE PSYCHÉ.

TABLE

DES PIÈCES CONTENUES DANS CE VOLUME.

	Pages
Nicomède, tragédie,	5
Sertorius, tragédie,	97
Psyché, tragi-comédie et Ballet,	195

Fin de la Table du tome quatrième.

www.ingramcontent.com/pod-product-compliance
Lightning Source LLC
Chambersburg PA
CBHW050330170426
43200CB00009BA/1538